Vorwort

In diesem Buch berichte ich von meinem Freiwilligendienst in Togo. Ein Jahr lang lebte ich in diesem westafrikanischen Land, habe mit sehbehinderten Schülern in einem Collège gearbeitet und zusammen mit fünf quirligen Gastschwestern in einer Gastfamilie gelebt.

Ich bereiste Togo und Benin und war tagtäglich fasziniert und befremdet zugleich von meinen vielen interessanten Erlebnissen, Beobachtungen und Erfahrungen – als Freiwillige, Erntehelferin, Gastschwester und verliebte junge Frau.

Denn so als wäre das Leben in dem fremden Land nicht schon Herausforderung genug für mich gewesen, tauchte da auch noch Nyedzi auf und verdrehte mir völlig den Kopf. Nun war ich leider nicht die einzige, die in den jungen Französischlehrer verliebt war: Eine andere Freiwillige, Pia, hatte ebenfalls ein Auge auf ihn geworfen.

Das Buch soll auch eine Vorstellung davon vermitteln, was ein Freiwilligendienst in einem der ärmsten Länder unserer Welt bedeuten kann. Es ist gedacht für Menschen, die selbst einen Auslandsaufenthalt in Westafrika planen oder die einfach nur auf eine gedankliche Reise nach Westafrika gehen und an meinen Erfahrungen teilhaben möchten.

Vor meiner Abreise nach Togo suchte ich nach informativer Literatur über das Land, denn ich wollte natürlich herauszufinden, auf was ich mich da überhaupt einlassen würde. Schließlich würde ich ein ganzes Jahr in diesem fremden Land verbringen. Außer historischen Werken, die sich mit der ehemaligen deutschen Kolonie Togoland (eine Tatsache, die mir bis dahin gar nicht bewusst war) befassten, fand ich jedoch kaum etwas Geeignetes. Nicht einmal deutschsprachige Reiseliteratur. Togo wurde meist nur ein kleines

Kapitel in den Reiseführern über die gesamte Region Westafrika gewidmet.

So entstand nach meiner Rückkehr die Idee für dieses Buch, das hauptsächlich aus Tagebucheinträgen und meinen persönlichen Erinnerungen entstanden ist. Ich schrieb es in erster Linie für andere Freiwillige oder ihre Familien und Freunde, die sich über einen Freiwilligendienst in Togo oder in Westafrika im Allgemeinen informieren möchten. Während des Schreibens habe ich daher immer wieder praktische Tipps in meine Erzählungen und Berichte einfließen lassen. Dennoch ist dieses Buch nicht als ein Ratgeber, sondern als ein Erfahrungsbericht und eine persönliche Geschichte zu sehen. Ich schreibe vor allem über Menschen, die mir sehr wichtig geworden sind. Ich erzähle Geschichten, beschreibe meine Erlebnisse und gebe Eindrücke wieder, die ich aus diesem so ganz anderen Land gewonnen habe.

Die Namen der Personen und meiner Entsendeorganisation in meinen Erzählungen wurden geändert, dennoch ist das, was ich schreibe, eine wahre Geschichte. Aber das ist natürlich nur meine Wahrheit. Ich habe alles so aufgeschrieben, wie ich es sah. Wenn ein anderer von uns Freiwilligen (meine Entsendeorganisation schickte acht junge Menschen nach Togo) diese Geschichte geschrieben hätte, wäre sie sicher ganz anders geworden und mit anderen Erlebnissen angefüllt.

Philip zum Beispiel hätte ein sehr lustiges, mit Anekdoten gefülltes Buch geschrieben. Die Erzählungen von Felice wären bestimmt etwas gefühlvoller und die von Thorsten analytischer geworden. Charlotte wäre bei der Schilderung ihrer Erlebnisse liebevoll bis ins kleinste Detail gegangen. Maike hätte wahrscheinlich viele witzige und zugleich befremdliche Geschichten über Togolesen aufgeschrieben. Das Buch von Pia wäre mit großer Wahrscheinlichkeit mehr als 1000

Seiten lang geworden und Katharina, Luisa und Xenia hätten eine andere Liebesgeschichte erzählt. Aber hier ist nun meine Version unseres gemeinsamen Freiwilligendienstes in Togo.

Welche Vorbereitungen galt es zu treffen? Wie erlebte ich die Ankunft in Togo und das Zusammenleben mit den anderen Freiwilligen? In welchem Projekt wurde ich eingesetzt? Um diese Fragen dreht sich der erste Teil des Buches.

Ist es mir gelungen, meine Konkurrentin Pia auszustechen und Nyedzi für mich zu gewinnen? Fühlte ich mich in meiner Gastfamilie gut aufgenommen und wohl? Wie unternimmt man in Togo eigentlich am besten eine Reise? Und wie kamen wir Freiwilligen mit dem togoischen Essen zurecht? Diese Fragen beantworte ich im Hauptteil.

Ist der togoische Staat wirklich eine Republik oder bezeichnet er sich nur so? Wie gehen die

Menschen in Togo miteinander um und wie ist das Verhältnis der Geschlechter zueinander? Im letzten Teil des Buches gehe ich auf gesellschaftliche und politische Dinge ein, denn da ich mich in meinem Soziologie- und Politikstudium u.a. mit Menschenrechtsverletzungen an Frauen in Subsahara-Afrika beschäftigt hatte, betrachtete ich das Zusammenleben der Menschen in Togo auch unter diesem Blickwinkel.

Welche gesundheitlichen Risiken birgt ein Aufenthalt in Togo? War ich das, was man gemeinhin als tropentauglich bezeichnet? Gesundheitliche Aspekte, die im Vorhinein zu bedenken sind, kommen abschließend zur Sprache. Und was machen wir Freiwilligen heute eigentlich? Überstehen junge Liebesbeziehungen eine dauerhafte Distanz von 6.000 km? Auf diese Fragen versucht der kurze Ausblick Antworten zu geben.

Viel Spaß beim Lesen!

Die Reise beginnt

Kurz vor meinem Freiwilligendienst beendete ich mein sozialwissenschaftliches Studium. Für die Stellensuche mit anschließendem Arbeitsalltag fühlte ich mich aber noch nicht so recht bereit. Nach sechs – mal mehr, mal weniger langen – Jahren des Studierens, Lernens, Lesens und Schreibens wollte ich erst einmal etwas anderes sehen und erleben. Es zog mich in die Ferne.

Allerdings wollte ich nicht bloß reisen, sondern auch etwas Sinnvolles für andere tun, mich irgendwo nützlich machen. Es stand für mich daher bald fest, dass ich einen Freiwilligendienst leisten wollte und das am besten in einem afrikanischen Entwicklungsland. Der afrikanische Kontinent hatte mich schon länger interessiert. Meine Abschlussarbeit schrieb ich über die schwierige Menschenrechtssituation von Frauen und Mädchen in Afrika südlich der Sahara und war daher besonders daran interessiert, mehr über die

Situation der Frauen vor Ort zu erfahren. Außerdem sah ich in einem Auslandsjahr eine gute Möglichkeit, meine Fremdsprachenkenntnisse zu verbessern, denn die waren während des Studiums ziemlich eingerostet. Ich hatte französisch zwar auf der Schule gelernt, aber nie richtig anwenden können.

Ich begab mich zunächst auf die Suche nach einer für mich geeigneten Entsendeorganisation. Nach vielen Stunden der Internetrecherche bin ich auf den Freiwilligenaustausch Weltweit (im Folgenden FAW) gestoßen. Die Organisation mit Sitz in Berlin entsendet jedes Jahr circa 300, meist junge Menschen ins Ausland und hat sich die weltweite Friedensförderung zum Ziel gesetzt. Gegründet wurde der FAW nach dem Zweiten Weltkrieg von einem deutschen Pfarrer, der die deutsche und die US-amerikanische Bevölkerung näher zusammenbringen wollte. Daraus hat sich bis heute ein Austausch entwickelt, der sich über alle Kontinente erstreckt.

Die Homepage der Organisation machte auf mich einen sehr sympathischen Eindruck. Bilder von glücklich aussehenden Menschen unterschiedlichster Herkunft und exotischen Tieren machten mich neugierig. Auch das Leitbild der Nichtregierungsorganisation fand ich sehr ansprechend. Interkulturelle Begegnungen, Friedensarbeit, Vielfalt und Solidarität waren dem FAW wichtig. Das konnte ich blind unterschreiben.

Eine Bewerbung beim FAW war online möglich. Über eine Maske auf der Homepage bewarb ich mich also für einen Dienst als Freiwillige. Die Bewerbung war recht aufwändig. Zunächst sollte ein Onlinefragebogen ausgefüllt werden. Der beinhaltete neben den üblichen Angaben zum Lebenslauf, Auskünfte über Fremdsprachenkenntnisse, bisherige Auslandsaufenthalte und die eigene derzeitige Wohn- und Lebenssituation. Die persönliche Motivation für einen ehrenamtlichen Freiwilligendienst sollte ebenfalls umfangreich dargestellt werden: „Welche sozialen, politischen, gesellschaftlichen Themen beschäftigen Dich? Welche Ziele für Deine persönliche Entwicklung verbindest Du mit Deinem Auslandsaufenthalt? Welche persönlichen Stärken und Eigenschaften kommen Dir, aus Deiner Sicht, für Deine Zeit als Freiwilliger zu Gute?“, sind drei Beispiele für Fragen, über die es hier nachzudenken galt. Zusätzlich sollten der Bewerbung zwei aussagekräftige Referenzschreiben beigelegt werden. Ich bat die Professorin, die meine Masterarbeit betreute und bei der ich als studentische Hilfskraft angestellt war, und einen der anderen Dozenten um ein solches Schreiben.

Einige Wochen später bekam ich einen Brief. Ich wurde zu einem zweitägigen Informationsseminar in Hessen eingeladen. Wow! Vor Freude sprang ich wild in meinem Zimmer des Studentenwohnheims umher. Gespannt fuhr ich kurze Zeit später mit dem Zug nach Hessen. Etwa 50 junge Leute waren ebenfalls angereist. Auf dem Seminar stellte die Organisation sich und ihre Programme gründlich vor. Zur Finanzierung eines Freiwilligendienstes gab es mehrere Möglichkeiten: Das weltwärts-Freiwilligenprogramm des Bundesministeriums für wirtschaftliche Zusammenarbeit und Entwicklung beinhaltete den Hin- und Rückflug, die Vermittlung in ein Projekt, die Unterbringung in einer Gastfamilie und ein monatliches Taschengeld in Höhe von 100 Euro (was in einem Entwicklungsland über dem Monatseinkommen der meisten Menschen liegt). Der Restbetrag von 1800 Euro, den weltwärts nicht abdeckt, sollte durch einen Förderkreis selbst beigebracht werden.

Neben diesem Programm gab es die Möglichkeit, den Auslandsaufenthalt über den IJFD (Internationaler Jugendfreiwilligendienst) oder das EU-Programm EFD (Europäischer Freiwilligendienst) zu finanzieren.
Mit jedem Bewerber wurde später auf dem

Seminar ein Einzelgespräch geführt, in dem nach den eigenen Vorstellungen und Erwartungen an den Freiwilligendienst gefragt wurde. Welche Herausforderungen für einen in dem Gastland wohl am schwierigsten zu bewältigen sein würden, war zum Beispiel eine solche Frage. Ich stellte mir die Sprache zu diesem Zeitpunkt als das größte zu überwindende Hindernis vor. Ich ahnte schon, dass es mich furchtbar frustrieren würde, nicht das ausdrücken zu können, was in mir vorging.
Nach dem Gesundheitszustand der Bewerber erkundigte man sich in dem Gespräch ebenfalls, dieser sollte später noch durch ein ärztliches Gesundheitszeugnis dargelegt werden.

Einige Wochen nach dem Seminar hatte ich wieder Anlass fröhlich in meinem Zimmer umherzuspringen: Ich bekam die Zusage für einen einjährigen Einsatz in Togo! Togo war das Land, das ich als Erstwunsch für meinen Freiwilligendienst angegeben hatte. Ich hatte doppeltes Glück, denn mein Einsatz als Freiwillige wurde durch das Bundesministerium für wirtschaftliche Zusammenarbeit und Entwicklung gefördert. Bis zum 28. Lebensjahr kann man sich für die Förderung bewerben. Ich sollte glücklicherweise erst in Togo 28 Jahre alt werden und bekam einen der begrenzten Förderungsplätze.

Durch die weltwärts-Förderung war der Großteil der Kosten für mein Auslandsjahr also abgedeckt. Es blieb aber noch der Restbetrag von 1800 Euro, den ich durch einen Förderkreis, ein für mich bis dato völlig unbekanntes Konzept, aufbringen sollte. Die Idee des Förderkreises ist, kurz gesagt, dass man Spenden für seinen Einsatz sammelt und dadurch gleichzeitig viele Menschen darüber informiert und für die Sache interessiert. Ich schrieb insgesamt 18 Briefe an Freunde und Verwandte, in denen ich ihnen von meinen Plänen berichtete und sie um eine Spende für meinen Förderkreis bat. Ein paar Unternehmen schrieb ich ebenfalls an, erzielte damit jedoch keinen Erfolg. Andere Freiwillige waren in ihren

Unternehmungen kreativer und verkauften zum Beispiel Waffeln an ihrer Schule. Ich konnte insgesamt 1000 Euro in meinem persönlichen Umfeld sammeln und bestritt den Restbetrag selbst.

Zusammen mit mir reisten weitere sieben junge Freiwillige über den FAW nach Togo aus: Felice, Pia, Philip, Luisa, Maike, Katharina und Thorsten. Fast alle hatten gerade ihr Abitur bestanden und waren zwischen 17 und 20 Jahren alt. Nur Pia und ich waren schon deutlich über 20. Die meisten Freiwilligen, die der FAW ins Ausland entsendet, befinden sich klassischerweise in einer Übergangssituation. Meistens von der Schule an die Hochschule, bzw. den Beruf oder von der Hochschule in den Beruf.
Unsere Gruppenmitglieder kamen aus den unterschiedlichsten Regionen Deutschlands. Philip war ein waschechter Hamburger, Thorsten wohnte nicht weit von Berlin entfernt, Katharina, Pia und Maike kamen aus dem Stuttgarter Raum. Luisa und ich

entstammten dem Rheinland und Felice kam aus München. Immer wieder lachten wir über die sprachlichen Unterschiede, die sich bei uns offenbarten. Maike nannte ein „Butterbrot“ eine „Vesper“, „Frikadellen“ hießen bei anderen „Ballen“ und als einen „Hoddel“ bezeichnet lange nicht jeder einen „Lappen“.

In Togo arbeitet der FAW mit der Organisation Campagne des Femmes zusammen. Deren Präsident, Honoré Akete, vermittelte uns Freiwillige in Projekte und war für unsere Betreuung vor Ort zuständig. Jeder von uns Freiwilligen hatte im Voraus eine Präferenz für ein Projekt angegeben und daraufhin eine Zuteilung erhalten. Ich sollte in dem Büro von Campagne des Femmes eingesetzt werden. Genau das hatte ich mir gewünscht. Ich war voller Vorfreude auf meine Ausreise. Mein Leben würde sich für ein Jahr komplett verändern und ich brannte auf dieses Abenteuer.

Während eines 10-tägigen Seminars in Nordhessen bereitete der FAW uns auf unseren Einsatz als Freiwillige vor. Zusammen mit 137 anderen Freiwilligen, welche in die verschiedensten Länder der Welt entsendet werden sollten, erarbeiteten wir uns in Kleingruppen Themen wie westliche Privilegien, Vorurteile oder globalisierter Handel. Die Stimmung unter uns Freiwilligen war super gut und unsere Erwartungen an das Auslandsjahr mega hoch. Jeder hängte sich in den Seminaren rein und alle versuchten, besonders schlaue und gewichtige Dinge zu sagen.
Die Einheit, die wir über Rassismus machten, blieb mir besonders in Erinnerung. Hier wurde am heftigsten diskutiert. Ich erfuhr, dass der Rassismus ein Abfallprodukt der Aufklärung war und unter anderem auf Ideen von Immanuel Kant zurückzuführen ist. Das überraschte mich sehr. Kant kannte ich bisher nur als den friedvollen Denker, der wollte, dass die Menschen gut zueinander sind. Als den Mann, der den

kategorischen Imperativ aufstellte, der besagt, dass man so handeln soll, dass das eigene Handeln jederzeit ein allgemeingültiges Gesetz werden könnte. Jetzt lernte ich, dass insbesondere auf Kant eine Theorie zurückgeht, in der die Menschheit in vier Rassen eingeteilt wurde. Die Rassen sollten sich vor allem in ihrer Vernunftbegabtheit unterscheiden. An der Spitze, wie sollte es anders sein, stünden die Europäer. Unglaublich, dass Menschen so etwas ernsthaft denken konnten.

Was Rassismus überhaupt ist, darüber führten wir im Anschluss hitzige Diskussionen. Bald entstanden zwei Lager im Seminarraum. Die eine Seite, auf der ausschließlich Freiwillige standen, argumentierte gegen die Seminarleiter des FAW. Die FAW-Mitarbeiter vertraten die Ansicht, dass es Rassismus gegen Weiße nicht gäbe, denn Weiße blieben bei jeder rassistischen Diskriminierung, die sie erfahren, am Ende doch immer die Privilegierten und Mächtigeren. Man könne lediglich von situationsbedingter Diskriminierung reden, wenn Weiße in Afrika beispielsweise mehr bezahlen müssen als Einheimische. In Togo betrifft dieses Phänomen zum Beispiel den Frisör. Die Preise für Weiße liegen nicht selten über dem 10-fachen dessen, was Togolesen zahlten. Und ja, das kann man sicher als eine eben solche situationsbedingte Diskriminierung begreifen. Weiße haben im Vergleich meist eben einfach mehr Geld in der Tasche als andere. Deshalb werden sie ungleich behandelt, behalten aber trotzdem die bessere Position. Ich habe aber auch etwas erlebt, worauf der Begriff der Diskriminierung nicht mehr passt, aber darauf komme ich zu einem späteren Zeitpunkt noch einmal zurück.

Wie bereits erwähnt, mussten wir Freiwilligen vor der Ausreise ein Gesundheitszeugnis beibringen, in dem uns ein guter Allgemeinzustand attestiert wurde. Zu den weiteren Vorbereitungen zählten Besuche beim Tropenmediziner. Ich wurde gegen

Gelbfieber, Hepatitis A und B, Tollwut, Meningitis, Keuchhusten und Cholera geimpft. Zudem richtete ich mir ein Onlinekonto ein, damit ich in Togo eine Visa-Karte besaß, mit der ich kostenlos Geld abheben konnte. In Togo stellte sich dann heraus, dass Visa eine gute Wahl war, denn Maestro-Karten funktionierten dort nicht.

Dann hieß es einkaufen. Ich kaufte mir Trekkingsandalen, Flip-Flops, einige T-Shirts, Baumwollunterwäsche, kühlendes Gel, sehr viele Insektenschutzsprays, Sonnenmilch, Pflaster, Schmerz- und Durchfallmittel für die Reiseapotheke und einen großen Vorrat an Tampons – denn die gibt es in Togo nicht zu kaufen. Zu den anderen Dingen, die ich mitnahm, zählten ein Taschenmesser, eine Regenjacke, ein Moskitonetz, ein Jugendherbergsschlafsack, eine Taschenlampe und ein kleiner Wanderrucksack. Manche Sachen davon erwiesen sich in Togo als überaus nützlich (wie zum Beispiel das kühlende Gel, das sehr gut bei Insektenstichen half)

wohingegen sich andere Dinge als völlig überflüssig herausstellten. Ich hatte viel zu viel Sonnenmilch eingepackt! Ein oder zwei Tuben hätten locker für das ganze Jahr gereicht. In der prallen Sonne hält man sich in Togo ohnehin wenig auf und auch sonst schien die Sonneneinstrahlung nicht so intensiv zu sein. Denn obwohl fast immer die Sonne schien, verursachte sie nur selten einen Sonnenbrand. Vielleicht lag das an dem vielen Staub, der dort in der Luft liegt.
Eine Regenjacke braucht man auch nicht. In der Regenzeit stellt man sich einfach solange unter, bis der Regen vorbei ist. Das mag dem einen oder anderen Europäer absurd vorkommen. Wer in Deutschland von einem Regenschauer überrascht wird, rennt wahrscheinlich ganz schnell nach Hause oder holt seinen Knirps aus der Tasche. In Togo wartet man, bis der Regen aufgehört hat. „Zeit gibt es genug", denkt man sich. Wovon sonst kommt immer mehr nach?

Und selbst bei monsunartigem Regen ist es immer

noch sehr warm und man verspürt keine Lust, eine Regenjacke zu tragen. Eher sollte man sich einen gemütlichen Pulli mitnehmen. Das einzige Mal, als ich meine Regenjacke in Togo benutzte war, als ich nachts fror.

An Gepäck waren von der Fluggesellschaft zwei Koffer à 23 kg und ein Handgepäckstück zugelassen, was ich voll nutzte. Bei der Rückreise ließ ich dann viele der Dinge in Togo zurück, damit ich in den Koffern Platz für all' die schönen Souvenirs und bunten Kleider fand, die ich aus Togo mitbrachte. Man sollte wirklich nicht zu viel Kleidung mitnehmen. Teure Funktionskleidung ist nicht nötig. Die vielen farbenfrohen gemusterten Stoffe, die es auf dem Markt gibt, verleiten einen schnell dazu, sich etwas daraus schneidern zu lassen. Die knalligen Stoffe, die in Togo „Pagne" heißen, sind mit den wildesten Motiven bedruckt. Blaue Hühner, rote Telefone, Duschbrausen, knatschpinke Pumps oder überdimensionale USB-Sticks – alles ist tragbar. Meine Mitfreiwillige und

Mitbewohnerin Luisa konnte sich überhaupt nicht bremsen und besaß am Ende über 30 Kleidungsstücke aus afrikanischen Stoffen. Besonders beliebt war unter uns Freiwilligen der „Garnelen-Pagne“. Auf dunkelblauen Grund waren unzählige knallrote Garnelen gedruckt. Philip ließ sich aus diesem Stoff sogar einen zweiteiligen Anzug, einen „complet“, schneidern.

Ein Pagne-Stand auf dem Markt.

Unzählige Motive und Farben kennzeichnen
die afrikanischen Stoffe.

Vor dem Abflug musste natürlich auch noch ein Geschenk für meine zukünftige Gastfamilie her. Ich wusste zu dem Zeitpunkt der Ausreise noch nicht, in welche Familie ich kommen würde, ob die Familie Kinder haben würde und wenn ja, wie viele. Mir blieb daher nichts anderes übrig, als ins Blaue hinein zu kaufen. Ich besorgte Malbücher, Buntstifte und einen Anspitzer. Außerdem wollte ich meiner Gastfamilie typisch deutsche Geschenke machen. Ich fand ein hübsches Frühstücksbrettchen mit Motiv, kaufte Erdbeermarmelade aus eigener Herstellung, lokale Süßigkeiten-Spezialitäten, eine Flasche deutsches Bier mit Bügelverschluss und Fruchtgummi mit Waldmeistergeschmack. Der Verkäufer in dem Fruchtgummiladen versicherte mir, dass Waldmeister etwas total Besonderes ist, was es nur in Deutschland zu kaufen gäbe und damit entsprach auch das Fruchtgummi voll und ganz meinem Anspruch.

Ausgestattet mit all' diesen Dingen fühlte ich mich bereit für die große Reise. Am Vorabend meiner Ausreise gab es noch eine große Grillfeier und ich verabschiedete mich von meiner Familie und meinen Freunden. Am nächsten Tag ging es dann tatsächlich los. Der FAW hatte für alle Freiwilligen, die durch weltwärts gefördert wurden, denselben Flieger gebucht und so traten wir gemeinsam unsere Reise nach Togo an. Am Frankfurter Flughafen verabschiedeten wir uns von unseren Eltern und Freunden, die uns zum Flughafen begleitet hatten. Die meisten kämpften mit den Tränen. Als ich durch das Gate ging und die Personenkontrolle passierte, konnte ich meine Eltern, meine Schwester Claudia und meine Freundin Marie noch durch die Glasscheiben sehen. Da fühlte auch ich auf einmal einen dicken Kloß im Hals. Wie lange würden sich die zwölf kommenden Monate ohne meine Familie und meine beste Freundin wohl anfühlen? Was lange Zeit nur ein Traum war, wurde auf einmal ernst. Ich winkte meinen Lieben noch ein letztes Mal zu, atmete tief ein, drehte mich um und schritt meinem Abenteuer entgegen.

Ein Direktflug nach Togo bräuchte eigentlich nur 6 Stunden. Da es sich bei unserer Airline aber um eine äthiopische Fluglinie handelte, mussten wir zunächst nach Addis Abeba, die äthiopische Hauptstadt, um von dort weiter nach Togo zu fliegen. So dauerte unser Flug nach Lomé, der Hauptstadt Togos, ganze 16 Stunden. Togo besitzt nur einen einzigen internationalen Flughafen und im Gegensatz zu den deutschen Flughäfen ist er winzig klein. Nachdem wir unser Gepäck abgeholt hatten, warteten wir in der Flughafenhalle auf jemanden, der uns abholen sollte. Ein junger Mann kam freudig auf uns zu und dirigierte uns zu dem Parkplatz vor dem Flughafengebäude. Dort saß Honoré Akete, der Leiter der Partnerorganisation, am Steuer eines blauen Kleintransporters. Dass es sich bei ihm um Honoré handelte, fanden wir aber erst später heraus, denn vorgestellt hatte er sich uns nicht. Dann hieß es, Gepäck einladen. Unsere Koffer stapelten sich im Laderaum, während wir uns vorne auf die Sitze quetschten.

Honoré fuhr uns von Lomé direkt nach Kpalimé, dem Ort, wo wir die nächste Zeit verbringen sollten. Auf der zweistündigen Fahrt bekamen wir einen ersten Eindruck von dem Land. In der Hauptstadt herrschte reges Gewusel auf den Straßen. Der Verkehr war sehr dicht, auf den Straßen drängten sich unzählige Motorräder und Taxen. In den Gassen spazierten Hühner, Schafe und Ziegen umher. Der Geräuschpegel war hoch. Das Fußvolk quetschte sich an den Straßenrändern vorbei. Es klingt vielleicht naiv, aber ich war total beeindruckt davon, nur schwarze Menschen auf den Straßen zu sehen. Ich sah keinen einzigen Weißen. Füllige Frauen in bunten Kleidern trugen überladene Körbe auf ihren Köpfen und zogen Kinder an den Händen hinter sich her. Auf den Rücken trugen sie oft zusätzlich ein kleines Baby. Männer standen an Straßenecken und gestikulierten wild, während sie miteinander diskutierten. Die Gesichter der Menschen sahen für mich alle gleich aus. Die Hautfarbe der Menschen war gleich, die meisten Nasen waren breit, die Lippen dick und die Haare kurz. Worin unterschieden sich ihre Gesichter eigentlich? Dass ich kaum in der Lage war, die Gesichter der Menschen auseinanderzuhalten, sollte auch in den ersten Wochen noch so bleiben.

Als wir aus der Stadt hinausfuhren, führte uns die Landstraße vorbei an Maisfeldern, grünen, üppigen Landschaften mit Palmen, grünen Sträuchern und weiten Flächen. An einigen Stellen war der Boden verbrannt und es ragten nur noch qualmende Baumstümpfe aus der dunklen Erde hervor. Vereinzelt standen schiefe Hütten an den Straßenrändern und manchmal passierten wir ein kleines Dorf. Die meisten Häuser waren bescheiden und mit Wellblech bedeckt. Wir sahen weniger Menschen, dafür umso mehr Rinder, Schafe und vor allem Ziegen.

Ein prächtiger Affenbrotbaum.

Es war schon dunkel, als wir unser Domizil erreichten. Untergebracht werden sollten wir Freiwilligen langfristig zwar in einer Gastfamilie, zunächst wohnten wir aber alle zusammen im CARED. Das war ein verlassenes Waisenhaus, in

dessen Garten heute eine kleine Schweinezucht betrieben wird. Honorés Frau, Aku, begrüßte uns dort herzlich mit einer festen Umarmung, die wir alle dringend brauchten.
Das Haus lag in Agomé-Yoh, etwa 2 Kilometer nördlich von Kpalimé. Das leer stehende Waisenhaus war von einer hohen Mauer umgeben und wir betraten die Anlage durch ein großes rostbraunes eisernes Tor. Das Haus war aus Backsteinen gebaut. Es hatte wie die meisten Häuser in Togo nur ein Stockwerk. Gebaut war es in Form eines Hufeisens, so dass es einen kleinen Hof in seinem Inneren gab.
In dem Hof wuchs Gras und es waren einige Wäscheleinen quer darin gespannt. Hier tummelten sich einige Hühner, die auf dem Gelände gehalten wurden. Auf dem Rasen watschelten außerdem Enten umher und es gab einen kurzhaarigen, weißen Hund. In den nächsten Tagen begegneten uns auf den Fluren des Hauses auch Nashornkäfer, tellergroße Nachtfalter oder gigantische Schnecken. Später

sahen wir, dass jemand die Schnecken in der Küche auf den Rücken legte. So ließ man sie tagelang liegen. Wollte man sie auf diese Weise trocknen?

In dem Haus gab es drei große Schlafzimmer, auf die wir uns aufteilten. Die beiden Jungs bezogen einen Raum. Maike und Pia teilten sich mit mir ein Zimmer und die restlichen Mädchen schliefen in dem größten der Räume. Dass wir so einen deutlichen Mädchenüberschuss hatten, war typisch. Ein Freund von mir, der in der Entwicklungszusammenarbeit arbeitet, sagte einmal, dass es Mädchen und Frauen typischerweise nach Afrika ziehe, wohingegen Jungs und Männer meist lateinamerikanische Länder für einen Freiwilligendienst bevorzugten. Warum auch immer.

In jedem der Zimmer standen mehrere Hochbetten aus dunklem Holz, in denen früher einmal togoische Waisenkinder geschlafen hatten. Wir bezogen die unteren Betten, rollten unsere dünnen Schlafsäcke auf den durchgelegenen Matratzen aus und befestigten unser mitgebrachtes Moskitonetz an der Unterseite der oberen Schlafstätte. Für den fast zwei Meter großen Philip war das Bett viel zu klein und seine großen Füße ragten über den Rand hinaus.

Unser Schlafraum bei Nacht.

An den Fenstern, die in Togo so gut wie nie verglast sind, befanden sich Gitterstäbe. Der Raum wurde durch eine nackte Glühbirne an der Decke beleuchtet. Immerhin gab es hier Elektrizität, was keine Selbstverständlichkeit in

Togo ist. Die Möbel in dem Haus waren allesamt aus dunklem Holz, es gab außerdem einige Plastikstühle, die vor dem Haus und in den Fluren standen und auf denen wir zwischendurch gerne Platz nahmen, um zu entspannen.

Außer den Schlafzimmern befanden sich in dem Haus noch zwei Wasch- und Toilettenräume, eine Küche und zwei Unterrichtsräume. Die Unterrichtsräume waren mit Tafeln ausgestattet und wurden von uns hauptsächlich als Esszimmer genutzt. Wir aßen mit Löffeln oder Gabeln von Plastiktellern, außer morgens, da gab es keine Teller. Wir tranken unseren Instant-Kaffee aus Plastiktassen und spülten anschließend alles in großen Bottichen auf der Terrasse. Anstelle von Spülmittel benutzten wir Waschpulver, was im Grunde genauso gut funktionierte.

Zur Küche führte ein Korridor, der in einen zweiten Ausgang des Hauses mündete. Hier gab es eine Feuerstelle aus Ton, die mit Holzkohle befeuert wurde. Eine Schwester von Honoré, Ami, kochte dort täglich für uns. Unsere liebe Köchin war etwa 55 Jahre alt und eine sehr füllige afrikanische Mama. Dazu muss man wissen, dass ab einem gewissen Alter alle Frauen in Togo Mama gerufen werden und meist auch füllig sind. Als man mich später auf der Straße gelegentlich mit „Bonjour Mama!" oder „Bonjour Mamawi", wobei die Endung „wi" für klein steht, begrüßte, fühlte sich das für mich seltsam an. Aber klar, togoische Frauen haben in meinem Alter meistens schon Kinder.

Für uns war Ami eine freundliche Großmutter, die einen gerne zwischendurch an ihre weiche Brust drückte. Sie war eine imposante und gleichzeitig herzliche Erscheinung, was nicht zuletzt mit ihrer Art, sich zu kleiden, zu tun hatte. Sie trug immer traditionelle afrikanische Stoffe, welche bei ihrer immensen Körperfülle wunderbar zur Geltung kamen. Eine der knalligen Stoffbahnen wickelte sie sich als Rock um die Hüften und eine weitere

bedeutet wie „Willkommen". Und bald verstanden wir, dass sie darauf ein „Yoo!" als Antwort erwartete, denn „Yoo" oder gesteigert zu „Yoolooo" drückt in den verschiedensten Situationen Zustimmung aus.

Ewe ist die am meisten gesprochene Sprache Togos. Die Ewe stellen neben den Kabiyé das größte Volk dar. In Togo gibt es rund 40 verschiedene Ethnien, die zum Großteil ihre eigene Sprache sprechen. Die meisten Togolesen sprechen darüber hinaus französisch. Französisch ist die offizielle Amtssprache Togos, die in den Schulen gelehrt und gesprochen wird.

Im CARED, wo vor kurzer Zeit noch Spinnen gehaust hatten, tobte nun das Leben. Das Waisenhaus wurde jetzt von einem Dutzend junger Leute bewohnt. Neben Ami und uns Freiwilligen lebten noch drei togoische Jungs, in dem Haus, Eric, Edi und Nyedzi. Sie schienen alle für Honoré zu arbeiten. Die beiden erstgenannten waren nicht viel älter als 20 Jahre . Nyedzi war 27 Jahre alt und besaß das breiteste und strahlendste Lächeln Togos. Er war drahtig, muskulös und von einer sympathischen, einnehmenden Art. Honorés Frau Aku kam beinahe täglich mit ihren zwei Söhnen Jacques und Jean-Paul vorbei. Außerdem kamen auch immer wieder Jungs aus dem angrenzenden Dorf zu uns. Zu ihnen zählte auch Kodjo, der ebenfalls für Honoré arbeitete. Bereits nach zwei Tagen in Togo machte dieser mir den ersten von vielen weiteren Heiratsanträgen, die folgen sollten. Kodjo hatte einen kleinen Strauß Blumen gepflückt. Im Garten des Hauses gab er sie mir und stellte die große Frage. Er lächelte mich breit an und seine schiefen Zähne waren zu sehen. Ich hielt das für einen Spaß, guckte ihn herausfordernd an und sagte: „Vielleicht“. Dann fragte Kodjo, wo mein Geschenk für ihn sei. Ich hätte doch bestimmt etwas aus Europa für ihn mitgebracht. Das schien er nun ganz ernst zu meinen. Mit einer ausweichenden Antwort verzog ich mich ins Haus.

Von nun an hatte ich einige Mühe damit, Kodjo auf Distanz zu halten. Alle weiteren Anträge lehnte ich in Zukunft vehement ab.

Der gemauerte Schweinestall lag in der hintersten Ecke des Gartens. Besonders nachts, wenn alles still war, hörten die Mädchen in dem nächstgelegenen Zimmer die Schweine grunzen und quieken. Eines Nachmittags, als wir gerade zum Französischkurs zusammen saßen, hörten wir einen lauten Schrei, der uns erschauern ließ. Wir stürzten in den Garten.

Kodjo stand auf der Terrasse. In der linken Hand hielt er ein kleines Messer mit einem Plastikgriff. Er hatte eines der jungen Schweine getötet. Ein Eimer Blut stand neben dem toten Tier. Das Schwein lag auf der Seite und blutete aus der Halsschlagader. Kodjo lachte über den Ausdruck auf unseren Gesichtern und setzte seine Arbeit fort. Er nahm eine Rasierklinge in die Hand und begann, die Borsten von der dicken, rosafarbenen Schweinehaut abzuschaben. Ich bekam

Gänsehaut, hatte wenig Lust, mir das weiter anzuschauen und ging wieder ins Haus. Kurz darauf folgten weitere laute Geräusche, die bis in jedes Zimmer vordrangen. Es klang so, als würde jemand mit einer Axt Holz hacken, als Kodjo das Schwein mit seinem Beil in einzelne Teile zerlegte.

Die Schweinezucht im Garten.

Kodjo entfernt die Borsten des toten Schweins mithilfe einer Rasierklinge.

An der Außenseite des Hauses gab es einen Wasseranschluss. Zum Duschen und für die Toilettenspülung mussten wir uns dort das Wasser holen. Mehrmals täglich befüllten wir Plastikeimer mit Wasser und trugen sie in die Dusch- und Toilettenräume. In der Dusche gab es weitere Plastikgefäße, mit denen wir uns das kalte Wasser portionsweise über den Körper schütten konnten. Manchmal hörte man es im Vorbeigehen aus den belegten Duschkabinen schnaufen und japsen, weil das Wasser eiskalt war. Aus anderen Duschen hörte man es manchmal kichern. Mit großer Belustigung nahmen wir Freiwilligen zur Kenntnis, dass die togoischen Jungs dort zusammen ihre Dusche nahmen. Eric und Nyedzi bespritzten sich gegenseitig mit dem kalten Wasser und amüsierten sich dabei köstlich.

Für uns Mädchen bestand das größte Problem in der Haarwäsche. Das Shampoo wieder aus den Haaren herauszubekommen, war besonders für Luisa und Felice mit ihren langen braunen Mähnen eine langwierige Sache. Mit den kleinen Plastikgefäßen konnte man sich immer nur kleine Mengen Wasser über den Kopf gießen. Dieses Wasser floss dann natürlich auch nur sachte über den Kopf. Eine ganz schöne Umstellung, denn wir waren aus Deutschland natürlich Duschbrausen mit hohem Wasserdruck gewohnt.

Die Landschaft, in die das alte Waisenhaus eingebettet war, war von üppigem Grün und sehr schön. Ganz anders, als man sich als Durchschnittseuropäer eine afrikanische Landschaft so vorstellt. An den Straßenrändern wuchs hohes, sattes Gras und überall standen Bananenbäume, Akazien, Teakbäume oder Fächerpalmen. Da das Waisenhaus am Fuße eines wild bewachsenen kleinen Berges lag, wurde es in dem Haus vor allem in der Nacht ziemlich kühl. Zum Schlafen hatte ich einen Jugendherbergsschlafsack dabei. Der stellte sich schnell als zu dünn heraus und ich deckte mich zusätzlich mit meiner hellblauen Regenjacke zu. Da ich sie vorher als Kopfkissen benutzt hatte, gab es nun kein Kissen mehr für mich, aber immerhin war es nicht mehr so kalt. Nun hielt mich nicht mehr die Kälte vom Schlafen ab, aber dafür andere Aktivitäten in unserem Zimmer. Es raschelte in den Ecken des Raumes, Nachtfalter und Moskitos schwirrten um die Betten herum und irgendetwas huschte über mein Moskitonetz. Das machte mich nervös. Ich griff nach meiner Taschenlampe und leuchtete das Netz von unten aus und entdeckte den Verursacher der Geräusche:

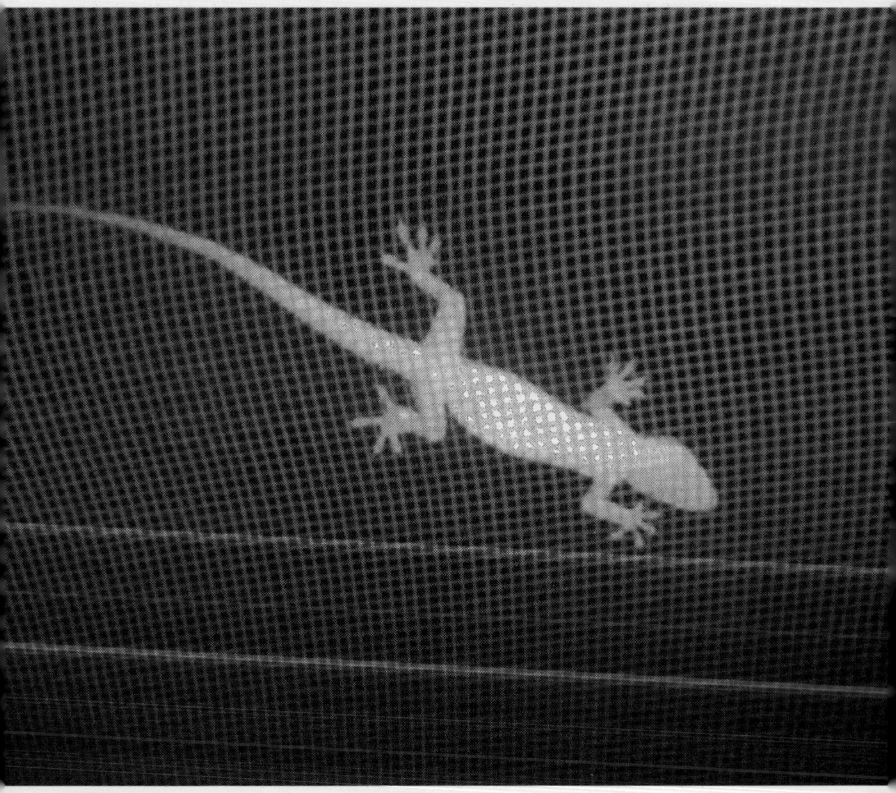

Ein Gecko auf der Außenseite meines Moskitonetzes.

Das Phänomen klärte sich und ich schlief ruhiger. Allerdings nur bis drei oder vier Uhr. Dann begannen die Hähne zu krähen. Auf die Morgendämmerung zu warten, kam ihnen nicht in den Sinn.

Neben dem wenigen Schlaf litt ich, genau wie alle anderen, am Kommunikationsentzug. Es war an der Zeit, dass wir uns ein Handy besorgten. Dafür mussten wir nach Kpalimé in die Stadt. Die 2 bis 3 Kilometer zu Fuß zurückzulegen, darauf hatten wir angesichts der sengenden Hitze wenig Lust. Ein Motorradtaxi musste her. Die Motos, wie die kleinen Motorräder in Togo genannt werden, ruft man sich als Fußgänger von der Straße heran. Dafür genügt ein Winken mit der Hand. Dass ein togoisches Heranwinken dieselbe Geste wie ein deutsches „Geh-weg-Winken" ist, muss man dabei erstmal verinnerlichen. Auch auf Quietschen oder Zischen reagieren die Motorradfahrer. Gezischt wird mit aufeinandergestellten Zähnen und gequietscht mithilfe eines Kussmundes, durch den die Atemluft eingesogen wird. Hält ein Moto an, sollte man vor dem Aufsteigen nicht versäumen, mit dem Fahrer den Preis zu verhandeln. Gerade Weißen wird gerne ein höherer Fahrtpreis berechnet. Da wir am Anfang immer in Begleitung

von Honorés Mitarbeitern waren, hatten wir das in der ersten Zeit jedoch nicht zu befürchten. Dann hieß es also aufsteigen. Immer von links, damit man sich den Fuß nicht an dem glühend heißen Auspuff verbrennt. Felice ist das einmal passiert. Eine fiese Brandwunde hat das gegeben.
Vorbei an der schönen grünen Landschaft, die das Waisenhaus umgab und im flotten Zickzack um die vielen Schlaglöcher herum, brausten wir in die Stadt. Wir kauften uns jeder ein Mobiltelefon, Thorsten erstand ein Paar überteuerte Sandalen und ich fand auf dem Markt noch ein kleines, mit Daunen gefülltes Kissen.

Blick von oben auf den Marktplatz von Kpalimé.

Eine typische Straßenszene mit Eisverkäufern, Mototaxifahrern und Wohnhäusern, die hinter hohen Mauern liegen.

An diesem Abend waren wir alle sehr glücklich. Endlich konnten wir unsere Freunde und Familien anrufen. Jeder tigerte mit seinem Telefon am Ohr umher. Alle waren sichtlich gelöst und erleichtert, nachdem sie mit ihrer Familie und ihren Freunden gesprochen hatten. Nach unserem Abschied am Frankfurter Flughafen war dies der erste Kontakt mit unseren Angehörigen.

Eines Nachmittags unternahmen wir unter der Führung von einheimischen Jungs eine Wanderung zu einem verwilderten deutschen Friedhof. Der alte Friedhof war aus dem 19. Jahrhundert und lag nicht weit vom CARED entfernt. Die Jungen zeigten uns bei dieser Gelegenheit Avocado-, Papaya-, Teak- und Kakaobäume. Wir staunten nicht schlecht über die großen grünen Kakaoschoten an den Bäumen, aus denen einmal unsere geliebte Schokolade gemacht werden sollte. Als wir an den Friedhof gelangten, waren wir überrascht, wie früh die damaligen Kolonialisten zum Teil gestorben waren. Mitten zwischen wilden Bananen- und Mangobäumen in Agomé-Yoh liegt seit 1904 zum Beispiel ein Erwin S. begraben, der noch nicht einmal 30 Jahre alt geworden war.

Da das Haus am Fuße eines kleinen Berges lag, dem Mont Kloto, gab es in der Umgebung außerdem mehrere kleine Wasserfälle zu erkunden. Einer lag mitten im Wald. Ohne die Hilfe von Kodjo und seiner Machete wäre er für uns kaum zu erreichen gewesen.

Ein Wasserfall nahe bei Kpalimé.

Auf dem Weg dorthin begegneten wir dunkelbraun gestreiften Tausendfüsslern, deren Haut sich so hart wie der Panzer einer Schnecke anfühlte. Nahm man die etwa zwanzig Zentimeter langen Tiere in die Hand, rollten sie sich flugs zusammen.

Im CARED fand auch unser dreiwöchiger Orientierungs- und Französischkurs statt. Drei von uns Freiwilligen sprachen überhaupt kein französisch. Die anderen brachten Schulkenntnisse mit. Philip, Felice und Maike, diejenigen, die gar kein französisch sprachen, hatten nicht ihr Wunschausreiseland vom FAW zugeteilt bekommen. Ich bewunderte ihren Mut, dennoch den Dienst anzutreten. Wie sich später herausstellte, lernte Philip im Laufe der Zeit sehr schnell, was sicher nicht nur an seinem Sprachtalent, sondern auch an seiner Kontaktfreudigkeit lag. Er war schon schnell nicht mehr auf andere Freiwillige angewiesen, die ihm halfen.

Man teilte uns in eine Anfänger- und in eine Fortgeschrittenengruppe ein. Ich selbst hatte 6 Jahre lang französisch auf der Schule gelernt und zur Vorbereitung auf meinen Auslandsaufenthalt einen Kurs in einem deutsch-französischen Kulturinstitut gemacht. Zusammen mit Luisa, Pia,

Thorsten und Charlotte kam ich in den Kurs für die Fortgeschrittenen. Am Anfang hatte ich das Gefühl, mein Französisch sei total schlecht, aber bei den meisten von uns verbesserten sich die Sprachkenntnisse schnell. Schon nach einer Woche hatte ich Fortschritte gemacht und war sicher, dass sich meine Französischkenntnisse während der Arbeit in meinem Projekt noch weiter entwickeln würden.

Unser gutaussehender Französischlehrer war – was für ein glücklicher Zufall – der sympathische Nyedzi. Als ich ihn das erste Mal im Kurs sprechen hörte, wurde offensichtlich, dass er nicht nur gutaussehend, sondern außerdem sehr klug war. Er wählte seine Worte mit Bedacht und hörte aufmerksam zu, wenn jemand sprach. Die Feingliedrigkeit seiner dunklen Hände mit den hellen Nagelbetten und seine feine Gestik gefielen mir besonders. Es kam, wie es kommen musste: Mich auf seinen Unterricht und nicht nur auf seine schönen dunklen Augen zu konzentrieren, fiel mir von Stunde zu Stunde schwerer.

Das lange Warten

Noch in Deutschland hatte man jedem Freiwilligen sein Projekt zugeteilt. Im Vorhinein gab man uns Informationen zu allen Projekten und wir hatten die Möglichkeit, Präferenzen anzugeben. Zur Auswahl standen beispielsweise Einsätze in der Arbeit mit körperlich oder geistig Behinderten, in der Kinderbetreuung, in einer Bibliothek oder im Büro.

Ich bekam mein Wunschprojekt zugeteilt und sollte in dem Büro von Campagne des Femmes arbeiten. Ich versprach mir viel von dem Projekt und sah darin eine tolle Möglichkeit, Arbeitserfahrungen im Nonprofitbereich zu sammeln. Mit meinem Studienabschluss konnte ich mir gut vorstellen, später einmal in diesem Sektor zu arbeiten. Meine Erwartungen an das

Projekt und die Vorstellungen von der Arbeit knüpften sich an die Projektbeschreibung, die uns der FAW zur Verfügung gestellt hatte. Hier stand, dass es in dem Projekt vor allem darum ging, die Freiwilligen und die Gastfamilien zu betreuen und zu unterstützen. Außerdem sollten Treffen organisiert und die Internetseite betreut werden. Die beiden sozialen Einrichtungen, die Campagne des Femmes der Beschreibung nach unmittelbar leitete, zwei Waisenhäuser, waren ebenfalls Teil des Büro-Projektes. Das klang für mich nach interessanten Aufgaben mit viel Abwechslung.

Zunächst war ich enttäuscht darüber, dass ich keinen Projektplatz in Togos Hauptstadt Lomé bekommen hatte. Ich wollte in der Nähe des Meeres sein und das Hauptstadtleben erfahren. Mit der Zeit war ich aber sehr froh darüber, in Kpalimé sein zu können. Hier war es ruhiger als in Lomé, die Sonnenstrahlung weniger stark – wenn ich Sonnenbrand bekam, dann in Lomé –und der Verkehr nicht so lebensgefährlich wie in der

Hauptstadt. Außerdem war die Gegend landschaftlich sehr schön und es gab einige Wasserfälle in der Region.

Ausblick über Kpalimé mit dem Mont Kloto im Hintergrund.

Bis die anderen Freiwilligen und ich allerdings

überhaupt in den Projekten anfangen konnten, vergingen Wochen um Wochen. Denn wie so häufig passierten in Togo Dinge, die in Deutschland unvorstellbar sind, ob in positiver oder in negativer Weise. Die Grundschullehrer befanden sich im Streik, weil die Regierung sie seit November des vorherigen Jahres nicht bezahlt hatte. Neun Monate bekamen sie nun schon keinen Lohn! Das Geld für ihr Gehalt hatte man schlichtweg für die Parlamentswahlen ausgegeben. Die Lehrer verweigerten nun also den Dienst und die Kinder gingen infolgedessen seit Monaten nicht mehr in die Schule. Viele der Lehrer mussten Kredite aufnehmen, um überhaupt ihren Lebensunterhalt bestreiten zu können. Was für eine Katastrophe für sie und ihre Familien! Und auch wir Freiwilligen waren davon betroffen. Unsere Projekte sollten gleichzeitig mit dem Schulbeginn anfangen und verzögerten sich genau wie dieser immer weiter nach hinten.

Der Einzug in unsere Gastfamilien, auf den wir

ebenso wie auf die Projekte mit Spannung warteten, verschob sich ebenso. Wir Freiwilligen wohnten immer noch alle zusammen. Allerdings waren wir mittlerweile umgezogen. Ziemlich unerwartet eröffnete uns Honoré eines Tages, dass wir in das Hauptquartier von Campagne des Femmes umziehen würden. Dieses lag mitten in Kpalimé und war gleichzeitig der Wohnsitz seiner Familie. Wie im CARED waren auch hier in der Vergangenheit Waisenkinder untergebracht gewesen. In dem Anbau an das Wohnhaus von Honoré gab es daher vier leerstehende Zimmer, die nun von uns Freiwilligen bezogen wurden. Unser Standard verlagerte sich weiter nach unten. Hatten wir in unserer ersten Unterkunft noch Betten gehabt, blieben uns jetzt nur noch die durchgelegenen Schaummatratzen.

Damit wir überhaupt etwas zu tun hatten in dieser Zeit, gab uns Aku, die Frau von Honoré, zusätzlich zu unserem Französischkurs, nachmittags Ewe-Sprachunterricht. Die Sprache ist so anders im

Vergleich zu den romanischen Sprachen. Ich konnte mir die Vokabeln kaum merken und die einzelnen Buchstaben zum Teil nicht aussprechen. Mein Ewe-Vokabular beschränkte sich daher die erste Zeit über auf so simple Dinge wie: „E“ (ja), „Ao“ (nein), „Yoo“ (Zustimmung), „Akpe“ oder „Apkekaka“ (Danke oder Danke sehr). Je nach Stärke der Dankbarkeit lassen sich übrigens unzählige „ka's“ zur Steigerung anhängen, so dass man durchaus auch mal ein „Akpekakakakaka“ auf der Straße hört. Andere Ausdrücke wie „E me foa“ (Mir geht’s gut), „Nko nye nye Lula“ (Ich heiße Lula), „Babalooo“ (das tut mir leid für Dich) oder „Midu Kaba Kaba“ (schnell schnell) kamen später dazu.

Mit diesen paar Wörtern konnte man einige Togolesen erfreuen, die es stets amüsierte, wenn man unbeholfen ein wenig in ihrer Sprache plapperte. Ein Wort, das man sich als Weißer in Togo aber unbedingt merken sollte, ist „Ameybo“. Das bedeutet „Schwarzer“ auf Ewe und ist in Kombination mit „Bonjour“ immer eine gute

Antwort, wenn einem auf der Straße mal wieder ein „Yovo" entgegengerufen wird, was „Weißer" bedeutet. Denn wenn man einen schlechten Tag hat, kann es einen ziemlich nerven, dass man überall so gerufen wird. Wenn man die Straße heruntergeht, auf dem Markt ist oder sonstwie vor die Tür geht, stets begleiten einen diese Rufe. So als wolle der Rufende sich damit brüsten, dass er den Weißen zuerst entdeckt hat. Immer freundlich zu bleiben, forderte manchem Freiwilligen Selbstbeherrschung ab. Mit „Ameybo" zu kontern, fand ich daher immer eine gute Möglichkeit, diesen Ruf zu erwidern. Manchmal habe ich die Leute auch einfach freudig gegrüßt oder an schlechten Tagen ignoriert. Einzelne Freiwillige zeigten als Reaktion auf die ständigen Rufe auch mal ihren Stinkefinger, was die Menschen natürlich beleidigte. Für sie ist „Yovo" kein Schimpfwort, sondern eher ein Wort, das Verehrung ausdrückt. In Togo ist man als Weißer eben etwas Seltenes und erregt Aufsehen.

Im Norden Togos, wo die meisten Menschen Kabiyé sprechen, ändert sich zwar das Wort, aber nicht das Phänomen. Hier rufen die Menschen auf der Straße „Sara", wenn sie einen Weißen erblicken. Wenn man als Europäerin dann zusätzlich diesen Vornamen trägt, kann das im schlimmsten Fall in einen Verfolgungswahn münden.

Das Warten auf unseren Projektbeginn machte uns Freiwillige sehr ungeduldig, unzufrieden und zum Teil auch wütend. Zwar hatten wir uns mittlerweile aneinander gewöhnt und uns miteinander angefreundet, aber es gab erste Streits und Unmut in der Gruppe. Es drohte ein Lagerkoller.

Mit den Sanitäranlagen gab es Probleme. Eine Toilette war verstopft, eine zweite war kaputt. Jetzt blieb uns für 12 Leute nur noch eine Toilette. Duschen gab es immerhin zwei, aber morgens wurde es natürlich eng. Einzelne fingen an, die

Dusche zu reservieren, indem sie ihr Handtuch über die Tür hängten. Der Streit war vorprogrammiert.

Während des Essens achteten die anderen auf einmal darauf, wer sich vielleicht zuviel nahm und es gab Knatsch darüber, wer am wenigsten beim Tischdecken oder Spülen half.

Um den begrenzten Platz auf den Wäscheleinen brach ebenfalls ein Konkurrenzkampf aus. Außerdem waren wir uns nicht einig darüber, welche Wäsche dort aufgehängt werden durfte und welche nicht. Eine prekäre Frage, denn die Nylonleinen waren parallel zu unserem Essbereich gespannt. Eines Mittags kamen wir dorthin und vor unseren Augen baumelte eine Reihe bunter Slips. Dabei hatte man uns darauf hingewiesen, dass wir unsere Unterwäsche in unseren Zimmern trocknen sollten. Beim gemeinsamen Essen wurde das Thema angesprochen. „Ob wir uns darauf einigen könnten, keine Unterwäsche in den

Essbereich zu hängen?“, fragte Felice. Charlotte und ich nickten zustimmend. Pia, welche die Slips augenscheinlich dort aufgehängt hatte, fuhr die Röte ins Gesicht. „Das stört jawohl niemanden!“, sagte sie harsch. Philip sagte, dass er Unterhosen nicht beim Essen sehen wolle und Pia war sichtlich beleidigt. Die Auseinandersetzung endete mit einer Abstimmung, wo Unterwäsche zukünftig getrocknet werden solle. Die Mehrheit stimmte für das eigene Zimmer.

Neben diesen Unstimmigkeiten hatten wir natürlich auch ganz wunderbare und lustige Momente miteinander. Als die erste Regenzeit kam, tanzten wir in dem strömenden Regen und ließen uns bis auf die Haut nass regnen. Zusammen mit Thomas, gelernter Koch und freiwilliger Helfer einer anderen Organisation, kochten wir zusammen Semmelklöße. Wir besuchten den Markt und gingen zu Schneiderinnen, um uns Kleidung nähen zu lassen. Wir machten Spaziergänge, erkundeten die Gegend oder gingen zusammen joggen. In den Reggaebars oder auf den Tanzspektakeln tranken wir togoisches Bier aus 0,65 Liter-Flaschen und tanzten ausgelassen mit den Rastafari.

Mittlerweile waren schon mehr als vier Wochen vergangen und die Lehrer streikten weiter. Um uns Freiwilligen neben dem Sprachelernen eine weitere Beschäftigung zu geben, ließ man uns in Kpalimé in einer Ferienschule helfen. Hier wurde in den Ferienwochen für wenig Geld Unterricht in einer Grundschule angeboten. Die Schule bestand aus zwei länglichen Gebäuden, in denen es jeweils drei Klassenräume gab. Außerdem gab es eine Toilettenanlage, einen Schulhof und einen mit Gras bewachsenen Sportplatz. Das Fundament des Gebäudes bestand aus grauem Zement und die Mauern waren hell verputzt.

Jeweils ein oder zwei Freiwillige wurden dort einem Lehrer an die Seite gestellt und durften je nach ihren Sprachkenntnissen auch selbst ein wenig den Unterricht gestalten. Ich war in der Klasse CE 1, bei den etwa 7- bis 9-jährigen Kindern. In der Klasse waren circa 20 Kinder, es kamen aber nicht jeden Tag alle zum Unterricht. Der Klassenraum war geräumig. Es gab drei Reihen von jeweils fünf Holzbänken, an denen nie mehr als zwei Kinder saßen. In manche Holzbänke waren die Namen von überwiegend deutschen Sponsoren eingraviert. So hatte man stets die Namen einiger Privatpersonen, Schulklassen, Firmen oder Vereinen vor Augen.

Der Lehrer, dem ich zugeteilt war, hieß Kossi und war etwa 40 Jahre alt. Kossi trug meistens Anzüge aus Pagne, der naturgemäß bunt war, und hatte die sauberste und schönste Handschrift, die ich je an einer Tafel gesehen habe. Ob meine Grundschullehrerin auch so sauber mit Kreide an die Tafel schreiben konnte? Ich erinnere mich nicht. Sein Unterricht war klassischer Grundschulunterricht. Es wurde gerechnet, gelesen, buchstabiert, gemalt und diktiert.

Die Klasse war zu meinem Erfreuen ziemlich ruhig, weil die Kinder viel Respekt vor dem Lehrer und Spaß am Lernen hatten. Mit Namen kannte ich von ihnen bald Koko, Sosso, Celine, Joseph, Espoire, Laté, Jeanette, Mausi und Nasif.
Jedes Kind hatte eine kleine Tafel, eine „ardoise“, die es im Unterricht benutzte. Wenn ein Kind eine gute Antwort gegeben hatte, gab ihm Kossi zur Belohnung manchmal ein neues Stück Kreide. Oft schrieben die Kinder auf den letzten Stummeln ihrer Kreidestifte. Wenn Rechnen auf dem Unterrichtsplan stand, kamen die Kinder mit einem Bund von 10 Stäbchen zur Schule, die aus Palmblättern gemacht wurden. Diese „dizaine“, die Zehnereinheit, half den Kindern beim Rechnen. An ihren Stäbchen konnten sie die richtigen Lösungen abzählen.

Grundschulkinder während der Pause.

Die Arbeit machte mir Spaß. In Französisch durfte ich auch einmal eine Einheit mit den Kindern machen und mit ihnen zwei Lieder einüben. Eins handelte davon, wie man Fufu, das togoische Nationalgericht, stampft.

Kossi hatte einmal die Idee, ein wenig Deutsch zu unterrichten. Deutsch ist neben Spanisch eine der zwei Fremdsprachen, welche die togoischen Schüler auf den weiterführenden Schulen erlernen können. Die Idee fand ich super, denn da brauchte Kossi endlich auch einmal meine Hilfe und ich nicht immer nur seine.

Ich wurde in dem Projekt zwar nicht wirklich gebraucht, sah meine Funktion aber vor allem darin, die Kinder durch meine Anwesenheit zu erfreuen. Für viele war ich wohl die erste Weiße, mit der sie in Kontakt kamen und das schien ihnen gut zu gefallen. Manchmal schrieben die Kinder meinen Namen auf ihre kleinen Tafeln und hielten sie zu mir hoch, wenn der Lehrer sich zu der großen Tafel umdrehte. Da konnte einem nur das Herz aufgehen.

Kossi war in meinen Augen ein guter Lehrer. Er hat seinen Unterricht gut strukturiert und die Kinder haben etwas bei ihm gelernt. Wenn sie laut wurden oder es zu Streitigkeiten unter ihnen kam, war Kossi allerdings sehr streng. Einmal war ich dabei, als er ein Kind auf die Hand schlug. Das tat mir furchtbar leid, aber gesagt oder getan habe ich nichts. In Togo ist es Lehrern zwar gesetzlich verboten, Kinder zu schlagen, aber dennoch tun es fast alle. Die Eltern begrüßen das zum größten Teil, da ihre Erziehung genauso repressiv ist.

Als Freiwillige im Einsatz

Nachdem die Regierung endlich die Bezahlung der Lehrer wieder aufnahm und die Lehrerschaft daraufhin ihren Streik beendete, begannen im Oktober 2013 für die Kinder wieder die Schule und damit auch unsere Projekte. Mein Projekt in dem Hauptbüro von Campagne des Femmes ging endlich los.

Abgesehen von Honoré, dem Präsidenten von Campagne des Femmes, arbeiteten in dem Büro insgesamt drei Frauen und ein Mann: Judy, Angel, Hugo und ich. Jeder Morgen im Büro begann gleich. Um sieben Uhr wurde die Bürotür aufgeschlossen. Wenn ich als erste angekommen war, übernahm ich diese Aufgabe. Die Tür war durch ein zusätzliches Eisengitter versperrt, das mit drei Ketten und dazugehörigen Schlössern gesichert war. Einmal hatte jemand in das Büro eingebrochen und die Kasse ausgeraubt. Von da an nahm man es mit der Sicherheit sehr genau. Die Schlüssel bewahrte fortan Honorés Frau auf, bei der man sich jeden Morgen den Schlüssel abholen musste.

War die Tür entriegelt, öffnete man anschließend die Fensterläden und schob die dünnen Vorhänge beiseite. Dann wischte man mit einem Lappen über alle Tische, Stühle und Gegenstände, um sie vom Staub des vorangegangenen Tages zu befreien. Dann fegte man mit einem Handbesen, der aus Palmstengeln zusammengebunden war, den Sand und Staub aus dem Büroraum.

So begann nicht nur mein Bürotag, sondern überall in Togo der Morgen. Mit Palmenbesen wurden staubige Tische, Böden und sandige Höfe gefegt. Herumfliegende schwarze Plastiktüten wurden eingesammelt und kleine Müllansammlungen am Straßenrand verbrannt. Geruch von brennendem Plastik lag dann überall in der Luft. Der Qualm aus den Kohleöfen der Küchen tat sein Übriges, um die frische Morgenluft zu verklären.

Honoré war so gut wie nie im Büro. Er kam nur, wenn er auf den PC zugreifen wollte oder um sich die neu eingetroffene Post anzuschauen. Er nahm dann die Briefe in seine Hand, blätterte sie schnell durch und nahm sich ein oder zwei, um sie zu öffnen. Den Großteil der Briefe legte er wieder zurück auf die hölzerne Theke, von der er sie genommen hatte.

Nur ein kleiner Teil der Briefe, die an Campagne des Femmes gesendet wurden, waren tatsächlich für die Organisation bestimmt. Von dem Postfach der Organisation machten noch eine Vielzahl anderer Menschen Gebrauch.

Die Häuser in Togo haben keine Anschrift und nur große Straßen tragen einen Namen. Briefe werden an die Poststellen der größeren Städte geliefert. Wer es sich leisten kann, mietet sich dort ein Postfach, eine „boite postale".

Honoré hatte für Campagne des Femmes solch ein Postfach und ließ auch Freunde und Bekannte davon profitieren. Wie viele Menschen genau das Postfach von Campagne des Femmes nutzten, das weiß vielleicht nicht einmal Honoré. Meist kamen Umschläge, die mit vielen Stempeln bedruckt waren oder Briefe von Banken. Oft waren die Briefe aber auch aus Deutschland, der Schweiz oder Österreich. Diese Sendungen waren dann an Freiwillige adressiert und steckten voller guter Wünsche und Grüße von Zuhause.

Der kleine silberne Schlüssel für das Fach befand

sich auf dem Schreibtisch im Büro, neben dem Computerbildschirm. Mindestens einmal pro Woche nahm ich den Schlüssel und machte mich zu Fuß auf den Weg zur Post. Nach einem 15-minütigen Gang über die staubigen Wege Kpalimés, vorbei an Frauen, die Früchte zum Verkauf anboten, Hühnern, die im Staub der Straßen ein Sandbad nahmen und jungen Ziegen, die voller Lebensfreude über die hügeligen Wege sprangen, gelangte ich an das große Postgebäude.

Alle Sendungen, die in dem kleinen Fach in der grauen Außenwand der Postfiliale lagen, füllte ich in meinen Stoffrucksack und brachte sie ins Büro. Die Briefe sammelten sich so in der Organisation und warteten darauf, dass ihr Empfänger sie abholte. Manchmal dauerte das nur wenige Stunden, andere Male ganze Tage oder Wochen.

Mit meinen Arbeitskollegen verstand ich mich gut, obwohl unsere Motivation niedrig war. In dem

Büro gab es einfach zu wenige Aufgaben für die einzelnen Mitarbeiter. Das Projekt sah in der Realität gänzlich anders aus, als es in den Unterlagen vom FAW beschrieben worden war. Die beiden sozialen Projekte, die es angeblich zu betreuen galt, existierten schon länger nicht mehr. Es gab niemanden zu betreuen oder zu unterstützen, keine Veranstaltungen zu organisieren und keine Internetseite zu aktualisieren.

Manchmal kam Honoré mit einer Aufgabe zu uns. Dann sollten wir Dokumente in den PC abtippen oder Projektanträge vom Französischen ins Englische übersetzen. Oft fiel dann in genau diesen Momenten der Strom aus. Und an den meisten Tagen passierte so gut wie nichts. Meistens gab es einfach keine Arbeit und meine Aufgabe beschränkte sich darauf, die Post abzuholen. Ich begann, Briefe oder Tagebuch während meiner Arbeitszeit zu schreiben oder lernte Französischvokabeln.

Den anderen Mitarbeitern erging es nicht anders. Manchmal legte Angel, die freundliche Kassenwärterin, ihre verschränkten Unterarme auf den dunklen Holztisch, wiegte ihren lockigen Kopf darauf und schloss die Augen. Ich tat es ihr gleich und legte mich in Rückenlage auf die schmale Holzbank, die an der Längsseite des Raumes stand. So dösten wir dann vor uns hin. Fest einzuschlafen traute ich mich nicht, weil ich Angst hatte, von der Bank auf den Zementboden zu fallen.

Da diese Situation nicht zufriedenstellend war, teilte Honoré mir bald noch ein zweites Projekt zu. Ich sollte jetzt an zwei Tagen pro Woche mit sehbehinderten und blinden Schülern arbeiten. Nun hatte ich endlich eine Aufgabe. Ich war zusammen mit meinem Mitfreiwilligen Thorsten im College Protestant beschäftigt. Bei dem College handelte es sich um eine evangelische integrative Schule, an der behinderte und nichtbehinderte Schüler zusammen lernten. In der Schule waren drei Lehrer für 25 sehbehinderte oder blinde junge Frauen und Männer zwischen etwa 16 und 22 Jahren zuständig. Die drei Lehrer, mit denen wir eng zusammenarbeiteten, hießen Jules, Kossi und Credo.

Jules war mittleren Alters und schien seine Arbeit wenig ernst zu nehmen. Ständig tippte er in seinem Smartphone herum oder chillte einfach im Klassenraum. Er war derjenige, der als letzter erschien und als erster ging. Seine Autorität schien er sehr zu genießen, jedenfalls kommandierte er die Schüler gerne herum. Thorsten war furchtbar genervt davon.

Kossi war untersetzt, etwa 50 Jahre alt und selbst in Folge einer Krankheit erblindet. Er hatte die dunkelste Hautfarbe, die ich bis dahin bei einem Menschen gesehen hatte. Dieser Mann war tatsächlich schwarz. Dadurch fiel die gelbliche Verfärbung seines Augenweißes noch mehr auf. Kossi hatte einen runden Bauch, kleine Füße und kleine Hände. Sein Herz war dafür umso größer. Darin eingeschlossen hatte er vor allem seine

Schüler. Wenn sie schlechte Noten in den Klausuren hatten, hielt er ihnen wie ein verärgerter und besorgter Vater lange Strafpredigten.

Credo war ebenfalls über 50 Jahre alt, aber im Gegensatz zu Jules und Kossi von schlanker Statur. Er trug eine runde Brille auf seiner knolligen Nase. Seine Haare waren kurz, aber nicht rasiert wie bei Jules und Kossi. Wenn er sich in seiner weiten Kleidung bewegte, wirkte er schlaksig. Credo war ein sehr gläubiger Mensch. Die zum Teil offensichtliche Ungläubigkeit der Freiwilligen in seiner Schule schien ihm Sorge zu bereiten. Einer Freiwilligen, von der er wohl dachte, sie sei schon zu weit vom guten Wege abgekommen, gab er einmal eine Bibel mit der eindringlichen Bitte, sie zu lesen. Bei Thorsten und mir beschränkte sich sein Engagement auf Fragen, wie: „Ward Ihr am Sonntag in der Kirche?“ oder „Was würde Jesus jetzt dazu sagen?“

Versammlung auf dem Schulhof zur Verkündung der Noten.

Die sehbehinderten Schüler besuchten denselben Unterricht wie die anderen Schüler. Die Hauptaufgabe von uns freiwilligen Helfern bestand nun darin, die von den blinden Schülern in

Brailleschrift verfassten Texte in reguläre Schrift zu übersetzen. So konnten die Lehrer sie ohne großen Aufwand korrigieren.

Dass ich dafür Braille lernen musste, begeisterte mich zunächst wenig. Nachdem ich aber merkte, wie einfach und logisch das Prinzip hinter der Blindenschrift ist, machte mir das Lernen Spaß. Die einzelnen Zeichen, die für einen Buchstaben stehen, sind wie die Augen eines Würfels angeordnet. Ein einzelnes Punktzeichen hat zwischen einem und sechs Punkten. Jedes dieser Punktzeichen steht für einen Buchstaben, ein Satzzeichen oder eine Zahl. Um jetzt zu sagen, wie viele verschiedene Punktkombinationen dadurch möglich sind, bin ich in Wahrscheinlichkeitsrechnung zu schlecht. Jedenfalls sind es eine ganze Menge. Dadurch, dass wir jeden Tag Dinge übersetzten und ich die Buchstaben ständig wiederholte, konnte ich sie schon bald auswendig.

Die Schüler benutzten zum Schreiben Plastikhefter, in die sie dickes Papier einspannten und mit einem spitzen Prickel die einzelnen Punkte stachen. Das klappt gut, nur dauert das Schreiben auf diese Weise ewig. Außerdem verbraucht die Blindenschrift viel mehr Platz auf dem Papier. So produzierten die Schüler nie viel Text, was Thorsten und mir entgegen kam.

Die Jugendlichen lernen zusammen in ihrem Klassenraum.

Die sehbehinderten Jugendlichen verfügen über verschiedene Hilfsmittel. Hier arbeitet ein Junge mit einem Monitor, der Schrift stark vergrößern kann.

Mein zweites Projekt gefiel mir gut. Was mir am meisten Spaß machte, war der Kontakt mit den sehbehinderten Jugendlichen. Sie wollten Sprachen lernen und freuten sich über den

Einsatz von uns Freiwilligen, die ihnen dabei halfen. Die Namen der Schüler, an die ich mich erinnere, lauten Agbessi, Koffi, Maman Abdul, Abra, Pita, Edmond, Gagnon, Christian und Kossi.

Manchmal fragte ich mich, wie stark sehbehindert einzelne Schüler eigentlich überhaupt waren und ob sie nicht mit einer starken Sehhilfe oder eine kleine Operation ein ganz normales Leben hätten führen können. Einmal traute ich meinen Augen kaum, als einer der Schüler, Pita, mir in der Stadt auf einem klapprigen Fahrrad entgegenkam. Und auch andere der Jugendlichen bewegten sich teilweise ohne Blindenstock oder eine Begleitung auf den Straßen.

Ich glaube, viele der Jugendlichen waren an Grauem Star erkrankt. Häufig waren ihre Pupillen milchig verfärbt. Meistens trugen sie Sonnenbrillen. Es müssen aber auch noch andere Krankheiten eine Rolle gespielt haben. Koffi nahm eines Morgens seine Sonnenbrille ab. Er bot einen fürchterlichen Anblick, da seine Augen blutunterlaufen waren.

Einmal habe ich Maman Abdul, der die zwölfte Klasse besuchte, nach der Ursache seiner starken Sehbehinderung gefragt. Ob er eine Krankheit hätte, fragte ich ihn. Maman Abdul gab zuerst eine ausweichende Antwort. Ich bohrte ein wenig nach, woraufhin er mir etwas Unglaubliches erzählte: Früher, als 17-Jähriger, wäre er der Beste seiner Klasse gewesen. Er hätte die besten Noten gehabt, war sehr sportlich, gutaussehend und beliebt bei den Mädchen gewesen. Jeder prophezeite ihm eine große Zukunft. Da seien viele neidisch auf ihn geworden. Und dann fing es mit der Sehschwäche an. Er konnte immer schlechter sehen und wurde mit der Zeit fast komplett blind. Maman war sich sicher, dass einer seiner Mitschüler aus Neid einen Fluch auf ihn gelegt hatte.

Mit der Zeit wurde mir klar, dass Missgunst ein

großes gesellschaftliches Problem in Togo ist. Besonders schlimm soll es innerhalb von Familien sein. „Bist Du erfolgreicher als Dein älterer Bruder wird er Dich töten“, sagte Maman Abdul. Das Töten passiere dabei nicht physisch, sondern durch den Einsatz von Voodoo. Nachdem er wegen seiner schlechten Augen nicht mehr lesen und schreiben konnte, brach Maman dann die Schule ab. Zwei Jahre lang war er so deprimiert über sein Unglück gewesen, dass er das Haus kaum noch verließ.

Erst langsam lernte er, sich mit seinem Schicksal zu arrangieren. Dass er jetzt mit den anderen Sehbehinderten zusammen lernen kann, ist für ihn zwar ein Glück, aber dennoch fühlt er sich abgehängt und wie ein Verlierer. Seine einstigen Mitschüler studieren heute zum Teil an der Universität, während er jetzt sein Abitur nachholt. Einmal meinte er zu mir, dass er sich kein langes Leben wünscht.

Neben der Übersetzungsarbeit beaufsichtigten Thorsten und ich die Schüler während ihrer Klausuren. Die Schule verfügte über einen modernen Blindenschriftdrucker, mit dem die Aufgabenblätter für die Schüler ausgedruckt wurden. Während der Klausuren schrieben die Schüler ausnahmsweise auf Schreibmaschinen. Das ging schneller als mit dem Prickel. Die Jugendlichen hatten sich eingeprägt, welche Tasten für welche Buchstaben standen und schrieben völlig blind mit der Maschine. Es kam gelegentlich jedoch vor, dass sie sich im Text verloren und nicht mehr wussten, an welcher Stelle sie sich befanden. Dann riefen sie Thorsten oder mich zu sich, damit wir ihnen vorlasen, was sie gerade geschrieben hatten. Manchmal schrieben sie Wörter doppelt und natürlich bemerkten sie auch nicht, wenn das Farbband der Maschine verbraucht war und die Schrift blass und unleserlich wurde. Ungerechterweise gaben ihnen manche Lehrer dafür Punktabzüge.

Zunächst wurden mit Thorsten und mir zwei Freiwillige in dem Schulprojekt eingesetzt. Im Februar kam dann noch eine dritte Freiwillige, Xenia, hinzu. Zuerst war ich darüber nicht froh, weil es auch in diesem Projekt nicht immer genügend zu tun gab. Wie sollten wir uns erst zu dritt ausreichend beschäftigen?

Aber Xenia brachten frischen Wind. Sie war ein extrovertiertes, selbstbewusstes Mädchen und kam aus Süddeutschland. Ihre langen blonden Haare fielen in ungekämmten Strähnen in ihr Gesicht und verliehen ihr ein wildes Aussehen. Sie redete laut, war direkt und impulsiv. Obwohl sie auch erst 18 Jahre alt war, wirkte sie auf mich älter als die meisten der anderen Freiwilligen.

Eigentlich sollte Xenia schon früher in Togo angekommen sein, aber sie verpasste ihr erstes Flugzeug und musste einige Wochen auf den neuen Flug warten. Luisa und mir erzählte sie später einmal im Vertrauen, warum sie das

Flugzeug verpasst hatte. Sie war bereits am Flughafen, hatte eingecheckt und wartete auf die Boarding Time. Dann verspürte sie Lust auf eine letzte Zigarette in Deutschland. Sie stapfte zu den Raucherkabinen, steckte sich ihre Kippe an und genoss den Moment. Gleich würde es los gehen! Togo! Als sie dann zum Gate zurückkehrte, waren alle Passagiere zu ihrem Entsetzen schon an Bord! Das Gate war geschlossen und die Stewardess gnadenlos. Das war sowas von typisch für Xenia!

Zusammen mit Xenia entwickelten wir schnell neue Pläne und ich war bald sehr glücklich, dass sie da war. Wir entdeckten einen großen Fundus an Materialien auf Braille in der Schule. In den Regalen verstaubten ganze Romane von Voltaire oder Victor Hugo. Nach einer Bestandsaufnahme hatten wir die Idee, eine kleine Bibliothek für die blinden Schüler aufzubauen. Nachdem wir alle Bücher entstaubt und neu sortiert hatten, bremsten uns die Lehrer in diesem Vorhaben aber leider aus. Sie hatten uns schon einmal erzählt, dass manche der Schüler Sachen mitnehmen würden. Früher habe es einige Taschenrechner mit Sprachfunktion an der Schule gegeben. Diese seien nach und nach verschwunden, erzählte uns Credo. Die Lehrer hielten es daher für keine gute Idee, Bücher zu verleihen. Aus demselben Grund wollten sie auch nicht, dass wir ein Thermometer im Klassenraum aufhängen. Xenia und ich hatten den Temperaturmesser bei unserer Entrümpelungsaktion gefunden und verstanden nicht, dass Kossi und Credo ihn nicht anbringen wollten. Das schien ihnen dann etwas leid zu tun. Credo nahm das Thermometer und hing es so hoch wie möglich über seinen Schreibtisch.

Manche der Schüler hatten starke finanzielle Probleme. Ihre Familien unterstützten sie nicht ausreichend. Sie lebten meistens in Wohngemeinschaften und das Schulgeld wurde ihnen in vielen Fällen von einer amerikanischen Stiftung gezahlt. Für ihre leibliche Versorgung waren jedoch ihre Eltern oder ihre älteren Geschwister zuständig. Zum Teil konnten die Schüler nur Geld für eine einzige Mahlzeit am Tag aufbringen. Einige waren daher sehr dünn und klagten in der Schule über Hunger.

Einmal fragte mich Pita, ob ich ihm Geld leihen könnte. Pita gehörte zu den selbstbewussten Schülern, die keine Scheu vor uns Freiwilligen hatten. Er bräuchte dringend 5000 CFA (umgerechnet etwa 7,50 Euro), sagte er. Seine Miete würde fällig und er hätte nichts mehr zu essen. Sollte ich ihm das Geld geben? Er würde das sicher den anderen erzählen. Wie sollte ich ihnen dann erklären, dass ich Pita Geld gebe und ihnen nicht? Auf der anderen Seite schien Pita das Geld dringend zu brauchen. Was sollte ich tun? Ich fragte Kossi um Rat. Der Lehrer erzählte mir von den finanziellen Problemen der Jugendlichen. Er selbst würde ihnen manchmal Maismehl oder Yamswurzeln mitgeben. Am Ende sagte er, dass es sehr nett von mir wäre, wenn ich Pita das Geld geben könnte. Ich sollte mich jedoch darauf einstellen, dass die Schüler mir das Geld nicht zurückzahlen könnten. Daraufhin gab ich Pita die 5.000 CFA und bat ihn darum, die Sache nicht an die große Glocke zu hängen.

Kurze Zeit später traf ich mich mit einer Schülerin zur Deutschnachhilfe bei ihr zuhause. Abra erzählte mir nach unserer Einheit, dass sie schon seit zwei Monaten die Miete für ihre Wohnung nicht mehr zahlen konnte. Ein paar Tage darauf kamen Koffi und Edmond zu mir und fragten, ob ich ihnen jedem 5.000 CFA leihen könnte. Ich sagte ihnen, dass ich darüber nachdenken müsste. Die Situation überforderte mich. Natürlich hätte ich gerne allen geholfen, aber wie sollte das gehen?

Langsam begann ich zu bereuen, dass ich Pita das Geld gegeben hatte. Ich ging zu Honoré und erzählte ihm von der Leihgabe, den Geldproblemen der Schüler, den Mietrückständen und dass die Jugendlichen nicht genügend zu essen hätten. Honoré war das zwar bekannt, aber er wollte nicht, dass wir Freiwilligen Geld an die Schüler gaben. Finanzielle Hilfe sei nicht die Aufgabe der Freiwilligen. Wir sollten „nur" unsere Arbeitskraft und unsere Ideen in das Projekt einbringen.

Bei der nächsten Gelegenheit sagte ich den beiden Jungs in der Schule, dass es mir leid täte, aber dass ich ihnen kein Geld geben würde. Die Enttäuschung stand ihnen ins Gesicht geschrieben und ich fühlte mich schlecht.
Ein paar Tage später kam Honoré völlig unverhofft in der Schule vorbei. Er steuerte auf mich zu, drückte mir 15.000 CFA in die Hand und sagte, dass ich das Geld sinnvoll einsetzen sollte. Ich war sprachlos. Damit hatte ich nicht gerechnet. Was für eine tolle Geste von Honoré! Ich fragte Kossi und Credo, was mit dem Geld geschehen sollte. Zuerst dachten wir daran, das Geld unter den Schülern aufzuteilen, aber das würde für

jeden nur einen geringen Betrag ergeben und wer weiß, wofür sie das Geld ausgeben würden. Abra das Geld für ihre Miete zu geben, erschien uns auch nicht als die beste Idee, da sie schließlich nicht die einzige war, die ihre Miete nicht zahlen konnte. Nach einigem Überlegen entschieden wir uns dafür, einen Sack Mais zu kaufen und ihn unter den Jugendlichen aufzuteilen. Pita gaben wir 5.000 CFA, damit er seine Schulden bei mir begleichen konnte. Damit blieb die ganze Sache für die anderen Schüler zwar weiterhin ungerecht, aber weil am Ende jeder profitierte, gab es darüber wohl keinen Unmut mehr. Für die restlichen 10.000 CFA bekamen wir einen riesigen Sack Mais, aus dem sich alle Schüler eine große Ration nehmen konnten. Den Mais konnten sie dann zuhause mahlen und daraus Pate herstellen. Das war eine gute Sache, löste das grundlegende Problem der Jugendlichen aber nicht.

Ein Freiwilligendienst ist ein Dienst an der Allgemeinheit. Der Freiwillige soll sein Projekt unterstützen, darf aber keine Arbeitskraft ersetzen. Und genauso war es: Meine Arbeit beschränkte sich auf Hilfstätigkeiten. Ich habe mich zeitweise gefühlt wie während eines Praktikums, in dem man als eine zusätzliche Kraft immer irgendwie auf Arbeit wartet. Fast jeden Tag hatte ich etwas zu Lesen oder zu Schreiben dabei, um Lücken des Wartens zu füllen.

Den anderen Freiwilligen erging es kaum anders, denn in den anderen Projekten war die Arbeitssituation ähnlich. Einige von uns waren darüber enttäuscht und fühlten sich überflüssig. Besonders diejenigen, die kein Französisch sprachen, hatten Probleme. Für Felice und Philip war das Sprache lernen doppelt schwierig. Die beiden wurden in einer Schule für Gehörlose eingesetzt. Sie standen damit vor der Herausforderung, dass sie zusätzlich zu Französisch auch noch die Gebärdensprache lernen sollten. Man kann sich vorstellen, wie das ausgesehen hat, wenn ihnen jemand das

Gebärdezeichen für ein französisches Wort zeigen wollte, das sie noch gar nicht kannten. Manch andere Freiwillige hatten sich aber schon bald mit der Situation arrangiert und stattdessen ihren persönlichen Schwerpunkt auf den kulturellen Austausch gesetzt. Den Leitlinien von FAW hatte ich entnommen, dass es der Organisation nicht zuletzt um die Friedensförderung in der Welt und das Überwinden kultureller Differenzen geht. Daher habe ich mich während meines Auslandsaufenthaltes zunehmend auf meine Gastsituation, das Leben in meiner Gastfamilie und der togoischen Gemeinschaft konzentriert.

Für die Kinder in der Sommerschule und die behinderten Schüler im College war unser Einsatz richtig gut, denke ich. Sie waren kommunikativ und hatten zum Großteil starkes Interesse daran, mit uns in Kontakt zu kommen. Besonders die kleinen Kinder in der Sommerschule waren neugierig auf uns Freiwilligen. Bei den sehbehinderten Schülern merkte man, dass sie die Anwesenheit von Freiwilligen gewohnt waren. Manche interessierten sich wenig für uns, andere plauderten mit uns und fragten, ob wir ihnen beim Lernen helfen würden oder nicht Lust hätten, sie zu besuchen. Dass solche Begegnungen zustande kamen, ist sicher schon ein Gewinn an sich, unabhängig von unserer Tätigkeit im Projekt.

Verliebt in Togo

Bevor ich nach Togo ging, sagten mir mehrere Freundinnen unabhängig voneinander etwas vorher. Ich würde mich in Togo verlieben und am Ende vielleicht sogar für immer dort bleiben. Als sich diese Prophezeiungen aus verschiedenen Mündern wiederholten, machte ich mir Gedanken. Im Grunde hielt ich diese Idee für unsinnig. Wie meine Freundinnen darauf kämen, fragte ich sie dann. Und meistens sagten sie nur so was wie: „Das würde einfach zu Dir passen."

Wahrscheinlich hatten sie zu viel über die weiße Massai gelesen, antwortete ich dann. Wenn ich mich in den letzten Jahren in Deutschland nicht verliebt hatte, wieso sollte das ausgerechnet in Togo passieren? Außerdem hatte ich mir noch nie einen Schwarzen ausgeguckt. Die togoischen Männer entsprachen gar nicht meinem Männergeschmack.

Mit Vorahnungen ist es so eine Sache. Ich erinnere mich an einen Abend in einer Kneipe mit meinen Schulfreundinnen Bettina und Leslie. Wir mochten damals solche psychologischen Tests, bei denen man sich Situationen vorstellt und die eigene Reaktion darauf. Wie man sich die Dinge ausmalt, soll etwas über die eigene Persönlichkeit aussagen. Besonders aus Japan kommen diese Selbsterkenntnistests, die dort unter dem Namen Kokology bekannt sind. Es gab dort sogar mal eine TV-Show, wo ein Moderator die Tests mit seinen Kandidaten durchführt. Jedenfalls machten wir genau so ein Spiel an diesem Abend. Bettina

gab die Spielführerin und sagte, ich solle an ein Tier denken. Wie es aussieht, wo es sich befindet, wie es sich bewegt. Hat es Fell oder eine glatte Haut? Ist es gefährlich oder nicht? Ich schloss die Augen und konzentrierte. Vor meinem geistigen Auge erschien bald das Bild eines schwarzen Panthers. Er lauerte in gebückter Haltung auf einem dicken Ast. Sein Kopf war gesenkt, sein Blick war tief und fixierend. Das schwarze Fell glänzte. Der Panther war schlank und seine Gliedmaßen lang und sehnig.
Was hatte das nun zu bedeuten? Ich schilderte meinen Freundinnen das Bild des Panthers und Bettina löste auf: Es handelte sich um meine Idealvorstellung von einem Mann. Wow! Wir lachten darüber.

Und natürlich behielten meine Freundinnen am Ende Recht – ich verliebte mich Hals über Kopf. Wenn ich nachts im CARED im unteren Teil meines kleinen Hochbettes lag, spukten mir Gedanken an unseren hübschen und intelligenten

Französischlehrer im Kopf herum. Ich dachte an seine tiefbraunen Augen und sein strahlendes Lächeln. Ich stellte mir vor, wie ich seine winzigen, runden Ohren streichelte und ihm ein Küsschen auf seine breite, runde Nase gab. Wie sich ein Kuss seiner dicken weichen Lippen wohl anfühlen würde? Es ließ sich nicht leugnen: Ich war so was von verliebt in Nyedzi!

Etwas anderes war leider genauso offensichtlich: Pia hatte auch ein Auge auf Nyedzi geworfen. Oh, Schreck! Von den vier Mädchen in unserem Französischkurs war ich nicht die einzige, die um Nyedzis Gunst warb! Natürlich sprach das keine von uns beiden aus, aber mir war schnell klar, dass ich in Pia eine Rivalin hatte. Pias Wortbeiträge im Kurs fanden überhaupt kein Ende mehr und sie zog alle Aufmerksamkeit auf sich. Blöderweise sprach sie das beste Französisch im Kurs und ich hatte alle Mühe, überhaupt dem Gesagten zu folgen.

Und das war nicht mein einziger Nachteil. Ich war dazu auch noch unglaublich schüchtern! Im Kurs meldete ich mich kaum zu Wort, war total unsicher, was mein französisch betraf und so blieb mir kaum etwas anderes übrig, als Pia hier das Feld zu überlassen.

Was tun? Ich versuchte, die Kurspausen zu nutzen, um alleine mit Nyedzi ins Gespräch zu kommen. Hier musste ich schließlich nur eine Hürde, die mir meine Schüchternheit stellte, überwinden. Und das war schwer genug. Aber ich musste jetzt handeln, bevor Pia mich völlig an den Rand drängen würde. Im Augenwinkel behielt ich Nyedzi im Auge. Wenn er sich im Flur auf einen der Plastikstühle saß, würde ich mich dazusetzen und ein Gespräch beginnen. Soweit der Plan.

Es dauerte nicht lange, bis sich die Gelegenheit bot. Nyedzi setzte sich und ich nahm ganz zufällig den Platz neben ihm ein. Nyedzi blinzelte mich mit seinem unwiderstehlichsten Lächeln auf den

Lippen an. Oh Gott! Trotz Schweißausbruch und holprigem Französisch sollte ich jetzt etwas sagen. Sport war sicher ein gutes Thema. „Spielst Du Fußball?“, fragte ich. Während Nyedzi antwortete, mir erzählte wie sehr er Fußball mag und auch die Spiele europäischer Mannschaften schaut (ich verstand natürlich nur die Hälfte von dem, was er sagte), gesellte sich Pia zu uns! Und schon wieder dominierte sie das Gespräch, redete mit Nyedzi über Lionel Messi und die kommende Weltmeisterschaft – oder so! Ich hatte keine Chance und mir blieb nichts weiter, als stumm zu lächeln und meine Enttäuschung zu verbergen.

Spätestens jetzt schien Pia gemerkt zu haben, dass wir in Konkurrenz zueinander standen. In den folgenden Tagen
steigerte sie ihr Engagement in Sachen Nyedzi. Wenn sie eine Dusche nehmen wollte, zog sie sich nicht erst in den Duschräumen aus, sondern schlenderte seelenruhig unter den Blicken aller in ihrer Unterwäsche über den Flur! Wenn sie dann

ihre Dusche beendet hatte, kam sie – nur mit einem knappen Duschtuch bekleidet – aus den Duschräumen, stellte sich in den Hof und begann dort ihre nassen, langen Haare zu bürsten! Ich bekam Schnappatmung! Ganz schön abgebrüht, dachte ich. Auf der anderen Seite fand ich dieses Verhalten ziemlich billig. Solche Methoden hatte ich in meinen Augen nicht nötig. Nyedzi würde dieses Verhalten genauso billig finden müssen.

Dennoch musste schnell etwas passieren. Ich konnte mich von Pia nicht so in den Schatten stellen lassen. Es war nichts entschieden und es galt, einen Weg zu finden, Nyedzi besser kennenzulernen und ihm zu zeigen, dass ich ihn mochte. Dabei half mir der Zufall.

Wir unterhielten uns in der Kursgruppe über youtube und Nyedzi fragte, wie man Videos von youtube herunterladen und speichern könnte. Er wollte Volleyball-Spiele auf seinem Laptop speichern. Was für ein Glück für mich, dass Pia davon keine Ahnung hatte! Es war Zeit für meinen Einsatz. „Oh, das ist gar kein Problem“, sagte ich. „Ich zeige Dir das gerne mal.“ Nyedzi freute sich – und ich auch. Mit diesem Coup war ich wieder im Rennen! Es war klar, dass wir dafür ins Internetcafé gehen müssten und das hieß, dass wir mindestens ein, zwei Stunden alleine miteinander verbringen würden. Jippieh!

Irgendwann kam ein guter Moment. Pia war weit und breit nicht in Sicht und wir hatten einen freien Nachmittag. Nyedzi und ich machten uns auf den Weg zum Internetcafé. Im Cyber, wie man die Internetcafés in Togo nennt, war ich endlich alleine mit ihm. Wir saßen nebeneinander an einem der Holztische, an dem man seinen mitgebrachten Laptop ans Internet anschließen konnte.

Die Ventilatoren an der Decke surrten gleichmäßig, die anwesenden Frauen redeten laut und die heiße Sonne schien durch die Vorhänge der Tür. Nyedzi fuhr seinen Laptop hoch und stellte die Internetverbindung her. Wir redeten nur wenig miteinander. Ich war angespannt und mein Französisch war immer noch nicht gut genug, um mich locker unterhalten zu können. Nur kurze Sätze kamen mir über die Lippen. Dann rief Nyedzi Google auf und klickte in das Eingabefeld. Ich traute meinen Augen kaum. Mein Vorname erschien in der Suchliste! Hatte er nach mir gegoogelt? Nyedzi wirkte auf einmal nervös und gab schnell das Wort youtube in das Suchfeld ein.

Ich zeigte ihm kurz darauf, welche App er für das Herunterladen von Videos installieren müsste und während die Software lud, saßen wir stumm nebeneinander. Jetzt oder nie, sagte ich mir. Ein besserer Moment wird sich vielleicht nicht mehr ergeben. Ich redete mir Mut zu. Du hast nichts zu verlieren, Lula! Entweder er mag Dich oder nicht. Wenn er Dich abblitzen lässt, kannst Du das ertragen. Wenn Du es nicht versuchst, wirst Du es nie herausfinden.

Also los! Mein Mund öffnete sich: „Darf ich Dir eine private Frage stellen?“, fragte ich geradeheraus.

„Ja, natürlich“, antwortete Nyedzi spontan.

„Hast Du eine Freundin?“, fragte ich.

„Nein“.

Kurze Pause. Erleichterung, Freude, Hoffnung.

„Und Du, hast Du einen Freund?“, fragte er daraufhin.

Ich verneinte. Dann sagte ich ihm, dass er mir gefalle und dass ich ihn gerne besser kennenlernen würde. Es war raus! Ich fühlte mich erleichtert. Aber was war mit Nyedzi? Er wirkte immer noch angespannt auf mich. Er schaute mich ernst an und schlug vor, dass wir uns bald alleine treffen, um zu reden. Er müsse mir noch etwas sagen. Was sollte das nun bedeuten? Ich nickte und versuchte zu lächeln. Es war nicht schlecht gelaufen, fand ich. Dann kamen Eric und ein anderes Mädchen ins Cyber und gesellten sich zu uns.

Zufrieden ging ich an diesem Abend ins Bett. Ich fühlte mich so, als hütete ich ein kostbares Geheimnis. Zwei Tage später schlug Nyedzi mir eine Verabredung in einer Bar vor. Bevor ich zu der Verabredung ging, weihte ich noch Felice, Katharina und Charlotte in alles ein.

In der Bar bestellte Nyedzi zwei Limonaden und wir setzten uns in die hinterste Ecke der Terrasse. Es gab kaum Beleuchtung und ich kam mir vor, als würden wir gerade etwas Verbotenes tun. Wir saßen auf den Plastikstühlen und rührten unsere Limonade kaum an. Nyedzi begann zu reden. Viel zu reden. Was er mir alles sagte, verstand ich vielleicht zu 70 Prozent. Mein Französisch war einfach zu schlecht. Das Wörterbuch hatte ich extra zuhause gelassen. Felice meinte, das kommt auf einem Date uncool und ich fand, dass sie Recht hatte. Ich kam mir blöd vor, weil ich so wenig verstand. Aber das Wesentliche schien ich zu begreifen. Er fand mich auch gut und würde gerne eine Beziehung mit mir eingehen. Dass er so viele Freiwillige kenne, sei ein Vorteil für mich, weil er dadurch schon vieles über die kulturellen Unterschiede zwischen Deutschen und Togolesen gelernt hätte. Leider müsse er in ein paar Wochen in eine andere Stadt gehen, weil er an einer anderen Schule unterrichten müsse, aber dann könnten wir uns an den Wochenenden treffen. Irgendwann nahm Nyedzi dann meine Hand in seine und sagte so etwas wie, dass es funktionieren könnte. Wow, das ging schnell! Ich fühlte mich ziemlich erschlagen. Er begleitete mich noch nach Hause. Zum Abschied umarmten wir uns und ich drückte ihm einen Kuss auf die Wange.

Zwei Tage darauf trafen wir uns wieder. Diesmal gingen wir zu einem Freund von ihm. Zuerst dachte ich, dass wir zu seinem Bruder gehen. Dass man auch seine Freunde in Togo als Brüder und Schwestern bezeichnet, war noch neu für mich. Nyedzis Bruder begriff bald, dass er bei unserem Treffen überflüssig war und ging zurück an seine Arbeit, von der wir ihn vorher abgehalten hatten.

An diesem Abend küsste Nyedzi mich das erste Mal. Ich war in meinem Traum. Nyedzi hatte mich mit seinen weichen, dicken Lippen geküsst und es war genauso großartig, wie ich es mir gewünscht hatte.

Die anderen Freiwilligen hatten natürlich mitbekommen, dass ich abends alleine weg gewesen war und Pia schöpfte Verdacht. Ich war in meinem Zimmer, als sie aufgeregt hineinstürzte. Ich sah dieser Begegnung zuerst entspannt entgegen und dachte, sie wolle einfach nur wissen, was los sei. Aber je mehr sie erzählte, desto mehr rang ich um meine Fassung und erwachte aus meinem Traum. Ich konnte kaum glauben, was sie mir da erzählte. Sie und Nyedzi träfen sich schon seit einiger Zeit. Pia zeigte mir Liebesbriefe, die Nyedzi ihr geschrieben hätte. War das möglich?

Jetzt wurde mir schlagartig klar, was Nyedzi mir damals im Internetcafé noch sagen wollte und was er später nie wieder erwähnte. „Wir wollten alles erstmal geheim halten und wollten und dann hat er plötzlich mit mir Schluss gemacht – per SMS! Stell' Dir das mal bitte vor!“, schnaubte Pia. Gut, das war natürlich nicht die feine Art, stellte für mich jedoch kein großes Problem dar. Er hatte sich eben für mich entschieden.

Die Geschichte ging aber noch weiter. Pia erzählte, dass er erst gestern wieder umgeschwenkt hatte und sich bei ihr entschuldigte. Er wollte die Beziehung mit ihr wieder aufnehmen. Damit erschienen die Dinge auf einmal in einem anderen Licht.

Wie konnte Nyedzi sich nur so schäbig verhalten? Er war nichts anderes als ein mieser Lügner, Betrüger, Heiratsschwindler oder was auch immer. Pia und ich waren beide hintergangen worden. Auf einmal waren wir statt Konkurrentinnen Leidensgenossinnen und hatten beide einen ordentlichen Liebeskummer.

Nyedzi bemühte sich noch darum, mir seine Version der Geschichte zu erzählen. Er beteuerte, dass er mich wirklich gern hatte und keine bösen Absichten gehabt hätte. Aber ich hörte ihm kaum zu. Alles, was an Vertrauen da gewesen war, war dahin.

In den nächsten Tagen war ich todtraurig. Ich hatte das Gefühl gehabt, dass es mit Nyedzi etwas Großes war. Für mich war er derjenige, von dem man sich im Nachhinein fragt, was hätte werden können. Wo man es sich nicht verzeiht, wenn man es nicht versucht. War dieses Gefühl wirklich einseitig gewesen? Wie konnte ich mich nur so getäuscht haben? War tatsächlich alles eine große Lüge? War ich so naiv und dumm? Ich fand keine Ruhe und war nicht bereit, die Geschichte so ausgehen zu lassen. Obwohl ich nicht wusste, ob ich das Richtige tat, schrieb ich Nyedzi einen Brief:

„Lieber Nyedzi,
ich bin immer noch traurig und enttäuscht wegen den Dingen, die letzte Woche passiert sind. Wegen Deines Verhaltens frage ich mich, ob alles, was zwischen uns gewesen ist, am Ende eine große Lüge war.

Deswegen hatte ich keine andere Wahl, als mich gegen Dich zu entscheiden. Trotzdem möchte ich, dass Du weißt, dass alle meine Gefühle für Dich echt waren. Du hast einen kleinen Platz in meinem Herzen und ich hätte gerne weitergeführt, was zwischen uns angefangen hat. Aufgrund der Dinge, die ich über Dich gehört habe, ist das leider unmöglich. Man kann die Vergangenheit nicht vergessen machen.

Ich hoffe, dass Du Dich in Deiner Zukunft anders verhalten wirst. Man sollte die Gefühle der Menschen nicht zu leicht nehmen. Damit schadet man nicht nur den Menschen, die einem vertrauen, sondern vor allem seinem eigenen Charakter.

Trotz allem bin ich froh, dass ich die Wahrheit erfahren habe, bevor ich mich in Dich verlieben konnte. Ich glaube, dass ich Dein Verhalten nie verstehen werde, aber das ist jetzt nicht mehr wichtig. Ich will niemanden hassen oder verurteilen und ich bereue nichts. Ich wünsche Dir alles Gute für Deine Zukunft.

Lula“

Natürlich hatte ich in einem Punkt gelogen, denn ich war ja schon längst in Nyedzi verliebt. Und natürlich war ich gewillt, ihm eine zweite Chance zu geben.

Als ich einen Tag später von der Ferienschule nach Hause ging, hielt ein Motorrad neben mir an. Edi und Nyedzi saßen darauf. Ohne viele Worte drückte Nyedzi mir einen beige-farbenen Umschlag in die Hand. In meinem Zimmer öffnete ich seinen Brief:

„Liebe Lula,

zuerst möchte ich mich bedanken für die Offenheit, die sich in Deinem Brief ausdrückt. Du musst wissen, dass mich das sehr berührt hat. Ich will, dass Du weißt, dass das, was zwischen uns passiert ist und wie sich die Stimmung seitdem verändert hat, mich sehr traurig macht. Denn ich hätte mir niemals vorstellen können, dass so etwas passiert.

Aus meiner Sicht habe ich nur diejenige gesucht, die mir am besten gefällt, mit der ich mein Leben teilen kann. Leider sind die Dinge schlecht verlaufen. Im Moment glaube ich, dass alle

Freiwilligen mich hassen und denken, dass ich nicht ehrlich oder ernst zu nehmen bin.

Es ist das erste Mal, dass mir so eine Sache passiert und ich weiß nicht, wie ich damit umgehen soll. Dazu kommt, dass ich nichts ändern kann. Die Fakten sind da. Nichtsdestotrotz hatte ich geglaubt, dass Du mir eine zweite Chance geben könntest, um mich besser kennenzulernen. Nach Deinem Text sehe ich jetzt, dass Du überhaupt kein Vertrauen mehr zu mir hast. Ich möchte dennoch, dass Du weißt, dass meine Gefühle für Dich sich nicht geändert haben.

Falls Du mir noch eine Möglichkeit gibst, Dich zu treffen, um wieder mit Dir zu reden und mich bei Dir zu entschuldigen, würde mir das Freude bereiten. Diese Geste wäre wichtig für mich, um mich von meinen traurigen Gedanken und aus meiner Situation zu befreien.

Egal, was passieren wird, mein Wunsch ist, dass

Du jemanden triffst, den Du verdienst. Ich wünsche mir, dass Du gute Momente in Togo erlebst und tolle Entdeckungen machst.

Nyedzi“

Herz oder Kopf? Ich tendierte schon immer zu ersterem.

Wir fuhren kurz vor Sonnenuntergang mit seinem Motorrad zu einem Sportplatz und setzten uns auf den noch warmen Asphalt des Basketballfeldes. Mir war an diesem Abend schwindelig, weil ich krank war. Nyedzi erklärte sich noch einmal. Er hätte nicht gewollt, dass die Dinge sich so entwickeln. Pia hatte er versprochen, ihre Beziehung geheim zu halten. Deswegen hätte er mir nichts erzählt und sich dafür entschieden, sich ebenso heimlich von ihr zu trennen. Dass ich mich für ihn interessiert hatte, hätte er ja gar nicht vermutet. Ich wäre ihm so distanziert und verschlossen vorgekommen. Nachdem er mit Pia dann Schluss gemacht hatte, hätten ihm seine Freunde ins Gewissen geredet. Sie meinten, er könne so ein nettes Mädchen wie Pia nicht einfach sitzen lassen. Sie hätten ihn damit so verunsichert, dass er die Beziehung zu ihr wieder aufnehmen wollte und in ein völliges Gefühlschaos geriet.

Irgendwann hielt Nyedzi mit Tränen in den Augen meine Hand und bat mich um eine zweite Chance. Er hätte nicht gewagt zu hoffen, dass er noch einmal meine Hand halten würde. Ich war glücklich, aber gleichzeitig verwirrt. War das alles eine gute Idee, konnte ich ihm glauben?

Ich rang mit mir, dann nahm ich ihm ein Versprechen ab. Wenn er versprach, in Zukunft immer ehrlich zu mir zu sein, wäre ich bereit für einen Neuanfang.

Dann begann es, dunkel zu werden. Nyedzi half mir auf und ich schwankte zu seinem Moto. Mir war immer noch schwindelig. Auf der Rückfahrt rutschte ich näher an Nyedzi heran. Bald war kein Raum mehr zwischen unseren Oberkörpern. Ich umklammerte seinen schlanken Rumpf und legte meinen Kopf zwischen seine Schulterblätter. Nyedzi fuhr jetzt langsamer, wie auf einer Spazierfahrt. Er hielt den Lenker des Motorrads mit nur einer Hand. Mit der anderen streichelte er meine Hände, die über seiner Brust verschränkt waren. Die seichte Abendluft strömte an uns vorbei und ich wünschte mir, dass dieser Moment ewig andauern würde.

Von diesem Abend an waren wir ein Paar. Bis wir uns das nächste Mal küssten, verging jedoch noch eine Weile. Nyedzi wollte nicht noch mal einen Fehler machen.

Ich träumte in den folgenden Wochen und Monaten gelegentlich von Pia. Meistens kam es in diesen Träumen zu Prügeleien zwischen uns. Ich schlug sie darin mit einem Stock oder zog ihr an den Haaren. Im Grunde konnte sie mir ja leid tun, schließlich ist sie am wenigsten glücklich aus der Geschichte heraus gekommen, aber ich war immer noch so eifersüchtig auf sie. Unser Konkurrenzverhältnis blieb bestehen. Und wir wohnten ja auch noch zusammen! Mit der Zeit nahm alles seltsame Züge an. Pia äffte einmal mein Lachen nach und ich gab Thorsten einmal ein Bier aus, weil er Pia gegenüber einen gemeinen Spruch brachte. Es war an der Zeit, dass wir Freiwilligen endlich in unsere Gastfamilien kamen.

Das Misstrauen in Nyedzi blieb leider ebenfalls bestehen und belastete die Beziehung. Mein Lügensensor war angeschaltet. Ich hielt alles, was er sagte, für eine potenzielle Unwahrheit und beobachtete ihn sehr genau. Manchmal war ich mir nicht mehr sicher, ob er jetzt mich als Person oder doch nur als Weiße mochte. Hatte er gerade einem anderen Mädchen hinterher geschaut? War er wirklich beim Sport oder traf er sich mit jemandem? Hatte er gerade mit Charlotte geflirtet? Diese Gedanken machten mich so verrückt, dass ich mich irgendwann zwang, einen Schlussstrich unter meine Zweifel zu ziehen. Ich musste mein Misstrauen aufgeben, sonst hatte die Beziehung keinen Sinn.

Eines Nachts hatte ich einen Traum, der mich sehr aufwühlte und diesen inneren Kampf widerspiegelte. Ich schrieb ein Gedicht darüber und gab es Nyedzi.

„Der schwarze Panther

Eines Tages sah ich in der Ferne
auf einem sandigen Platz
einen wilden schwarzen Panther.

Seine Krallen und seine scharfen
Zähne blitzten im Sonnenlicht, er
bewegte sich schnell.
Plötzlich drehte er seinen Kopf.

Seine kleinen Ohren stellten sich auf, der Panther fixierte mich.

Ängstlich sah ich, wie er sich näherte, aber als er kam, legte er seinen Kopf auf meine Knie.

Der Panther war zahm, verstand ich. Seine Waffen würde er nur benutzen, um mich zu beschützen."

Stück für Stück kehrte das Vertrauen in Nyedzi zurück. Zusammen mit ihm durfte ich im Laufe der nächsten Monate eine Menge toller Dinge erleben. Mit Nyedzi bin ich das erste Mal in meinem Leben unter einem Wasserfall her geschwommen. Allerdings kann Nyedzi wie die meisten Togolesen kaum schwimmen und ich gab ihm gelegentlich Schwimmunterricht. Mir hat er im Gegenzug Motorradfahren beigebracht und wir haben viele Runden auf dem Sportplatz zusammen gedreht. Ich spürte, wie stolz er auf mich war.

Am Strand von Lomé.

Einmal habe ich aus Papier ein Schachspiel gebastelt und Nyedzi das Spielen beigebracht. In den Osterferien haben wir fast jeden Abend bei Kerzenlicht im Freien gesessen und Schach, Karten oder Awale, ein togoisches Spiel, gespielt. Einmal habe ich Nyedzi vor dem Einschlafen gefragt, was für ihn das Schönste an dem Tag gewesen ist. Er sagte: „Das Schachspielen“. Und das, obwohl er verloren hatte! Zu seinem Geburtstag habe ich ihm dann ein Schachspiel aus Holz geschenkt.

Mit mir probierte Nyedzi das erste Mal Zucchini und Aubergine. Dieses Gemüse hatte er zwar schon auf dem Markt gesehen, aber noch nie gegessen. Die Zucchini in Togo ist komischerweise ganz anders als in Deutschland. Von der Form her ist sie gleich, aber ihr Fruchtfleisch und vor allem die Haut sind wesentlich härter. Ich hatte große Mühe, die Zucchini in Scheiben zu schneiden und begriff, dass dieses Gemüse mit dem Kürbis sehr eng verwandt sein muss. Geschmacklich fand Nyedzi, dass zwischen der Zucchini und der Aubergine kein Unterschied bestand. War das sein Ernst? Seitdem zweifelte ich an der Existenz seiner Geschmacksknospen.

Mit Nyedzi habe ich das erste Mal in meinem Leben Ziegenfleisch und Waran gespeist. Die Ziege schmeckte mir erstaunlich gut. Das Waranenfleisch war, wie man es oft über Reptilienfleisch hört, geflügelähnlich. Der Waran in Togo zählt übrigens nicht zu den bedrohten Tierarten. Das Fleisch war gut, aber die schuppige Haut war für mich alles andere als genießbar. Ich musste einen Würgereiz unterdrücken und gab mir Mühe, ihn vor Nyedzi geheim zu halten, als ich ein Stück der weichen Schuppenhaut in meinem Mund hatte.

Ein gefangener Waran wird an der Straße verkauft.

Mit der Zeit lernte ich fast Nyedzis gesamte Familie kennen. Nyedzis Vater Benoit ist Schuldirektor einer Grundschule und bestellt zudem noch einige Felder, auf denen die Familie vor allem Kaffee anbaut. Für einen Togolesen ist er recht wohlhabend. Das erklärt, warum er sich mehrere Frauen leisten konnte. Er heiratete während seines Lebens vier Frauen und zeugte insgesamt zwölf Kinder mit ihnen. Nyedzis Mutter Kossi hat sechs davon zur Welt gebracht. Nyedzi ist ihr ältester Sohn. Nyedzis Mutter war immer die Hauptfrau von Benoit und wohnt auch heute noch mit ihrem Mann in dem kleinen Dorf Patatoukou in der Plateaux-Region. An den Wochenenden besucht Nyedzis Vater oft seine zweite Ehefrau in ihrem Dorf. Die beiden anderen Ehefrauen haben ihn mittlerweile verlassen. Frauen ist es nicht gestattet, mehrere Männer zu heiraten.

Nyedzis Eltern sind sehr stolz auf ihren Sohn. Er ist der einzige in der Familie mit Universitätsabschluss und unterstützt seine Familie mit allen Kräften.

Während der Weihnachtsferien besuchten wir Nyedzis Familie in Patatoukou. Das erste Mal in meinem Leben war ich in einem Haushalt zu

Besuch, in dem es keine Toilette gab. Die Familie geht einfach hinter das Haus oder zu den Toiletten der Dorfschule. Als Gast des Hauses durfte ich die Dusche, eine mit Kieseln ausgelegte Kabine im Freien, als Toilette benutzen.

Das Haus von Nyedzis Familie in Patatoukou.

Bis Nyedzi die Oberstufe besuchte, lebte er hier auf dem Dorf. Da sein Vater ihn in der Schule unterrichtete, hatte Nyedzi oft doppeltes Leid zu ertragen. Wenn er Fehler im Unterricht machte, gab es nicht nur in der Schule Prügel, sondern zusätzlich noch zuhause. Es gab damals noch keine Elektrizität in dem Haus. Abends lernten die Kinder im Schein von Petroleumlampen oder Kerzen.

Ich durfte der Familie bei der Kaffeeernte helfen. Das war wirklich eine schwierige Arbeit, weil die Kaffeesträucher gleichzeitig das Domizil der roten Ameisen darstellen und die Sträucher manchmal von oben bis unten mit Ameisen besiedelt sind. Die Ameisen sind bissig, weshalb man lange Kleidung bei der Ernte tragen muss. Das schützt einen aber auch nicht vollständig vor ihren Bissen, da sie immer wieder unter die Kleidung gelangen. Außerdem ist es wahnsinnig heiß, man schwitzt und ständig pieksen einen die Äste der Kaffeesträucher im Gesicht. Ohne Blessuren kam ich daher nicht davon, als ich mich mit dem geflochtenen Korb, in dem ich die Kaffeekirschen sammelte, durch das Feld kämpfte.

Eine Ameisenkolonie auf dem Blatt eines Kaffeestrauchs.

Die geernteten Kaffeekirschen wurden noch auf dem Feld in Säcke umgefüllt und mit dem

Motorrad zu dem Haus der Familie gebracht. Dort schütteten sie die Ernte aus und ließen die Kirschen in der Sonne trocknen. Erst danach wurde das Fruchtfleisch maschinell von den Bohnen getrennt. Die komplette Ernte war für den Export bestimmt. Eine Kaffeekultur gibt es in Togo nicht, Kaffee trinken die Einheimischen kaum. Wenn doch, wird er meistens nicht frisch aufgebrüht, sondern importierter Instant-Kaffee zusammen mit einem gesüßten Milchkonzentrat getrunken.

Mit dem Kakao und der Schokolade verhält es sich ähnlich. Fast alle Kakaobohnen werden exportiert und der Kakao, den es in Togo gibt, ist ein billiges Import-Produkt. Die meisten Importprodukte stammen übrigens aus Frankreich, was wohl an der gemeinsamen Sprache und der Kolonialgeschichte liegt. Schokolade wird ebenfalls importiert, ist für die meisten Togolesen aber überhaupt nicht erschwinglich. Viele Leute haben daher noch nie Schokolade gegessen, obwohl sie die Hauptzutat dafür anbauen! Eine echte Schande und trauriges Zeugnis eines globalisierten Marktes, der zulasten der Entwicklungsländer geht.

Die Maisernte bei Nyedzis Bruder Gabriel, bei der ich auch einmal mithalf, war mir im Vergleich zu der Kaffeeernte wesentlich lieber. Ausgestattet mit Gummistiefeln (in denen mir nach ein, zwei Stunden der Schweiß stand) zum Schutz vor dem stacheligen Unkraut und einem Messer zum Aufschneiden der Kolben ging das ganz gut. Leider war der Erfolg der Ernte nicht zufriedenstellend. Es war schon die zweite Ernte in dem Jahr und die Maiskolben waren ziemlich klein. Zudem waren viele Insekten an den Kolben.

Nyedzis Familie begrüßte die Beziehung zwischen uns, denke ich. Nyedzis Eltern und seine Geschwister waren immer sehr freundlich und herzlich zu mir. Dass eine europäische Frau für sie aber auch Wohlstand symbolisiert, wurde immer wieder klar. Einmal meinte Kossi beispielsweise zu mir, dass ich ihrer Tochter Vivianne eine Nähmaschine kaufen sollte, wenn sie ihre Ausbildung zur Schneiderin beendet hätte.

Die Menschen in Togo, die ich kennengelernt hatte, waren im Allgemeinen sehr freundlich. Freundschaften zu schließen war allerdings schwierig, weil viele Togolesen Europäer für unglaublich reich halten. Mir kamen die haarsträubendsten Vorurteile zu Ohren. Manch ein Togolese glaubt, dass Europäer in Privatjets oder Helikoptern unterwegs sind und ihre Kinder mit dem Chauffeur zur Schule gebracht werden. Wenn ich dann entgegnete, dass ich, genau wie die Togolesen, zu Fuß zur Schule gegangen bin, glaubten sie mir manchmal einfach nicht.

Gelegentlich erzählte ich den Leuten, dass es bei uns auch Menschen gibt, die auf der Straße leben und dass man ohne eine gute Ausbildung oder ein Studium auch nicht viel Geld verdienen kann. Ja, es gäbe bei uns alles zu kaufen, aber wenn man das Geld nicht habe, könne man an diesem ganzen Luxus ja nicht teilhaben. Oft hatte ich dann das Gefühl, dass die Leute mir nicht glaubten. Mehrmals fragte man mich, was mein Vater denn beruflich mache. Wenn ich dann sagte, dass er arbeitslos geworden ist, waren die Leute erstaunt, aber irgendwie hatte ich doch immer das Gefühl, dass man diese Einwände nicht ernst nimmt. Europa ist reich und Afrika ist arm. Basta!

Wenn wir Freiwilligen in einem Geschäft oder auf dem Markt waren, fragten uns manchmal fremde Leute, ob wir ihnen nicht etwas kaufen oder ihnen den Einkauf bezahlen könnten. Kinder auf der Straße fragten gelegentlich nach Süßigkeiten oder Geld.
Auf dem Markt waren die Verkäufer oft extrem aufdringlich. Besonders wenn die Konkurrenz unter ihnen groß war, wurden sie teilweise regelrecht penetrant. Manch einer versuchte, einen an den Armen in seine Boutique zu ziehen.

Wenn man nichts kaufte und sich die Dinge nur anschauen wollte, wurden Verkäufer nicht selten aggressiv. „Du bist doch reich. Warum kaufst Du nichts?“, zischten sie einen dann an.

Diese Fixierung auf den Reichtum der Europäer machte mich manchmal wütend und traurig. Manchmal gelang es mir nicht, offen zu sein, was aber auch nicht falsch war, denke ich. Ohne Vorsicht und etwas Skepsis macht man sich eben auch sehr verletzlich. Einmal habe ich einem Barbesitzer, der sich Papa nannte, meine Handynummer gegeben. Papa rief mich daraufhin zwischen 10 und 20 Mal am Tag an. Kurze Zeit später sperrte ich seine Nummer in meinem Telefon. Wer interessierte sich für mich und wer wollte nur mit mir befreundet sein, weil er sich dadurch materielle Vorteile erhoffte? Es fiel mir immer schwerer, das zu unterscheiden. Außerdem wollte ich niemandem böse Absichten unterstellen.

Zu Beginn der Osterferien begleiteten Xenia,

Thorsten und ich einmal einen der blinden Schüler aus dem College in sein Heimatdorf. Noch nie hatten wir in Togo so ein malerisches Dorf gesehen. Auf einem weitläufigen Gelände, das mit hellem Sand bedeckt war, standen in einigem Abstand einzelne kleine Häuser aus Lehm. Ihre Dächer waren mit Palmenwedeln bedeckt und vereinzelt wuchsen prächtige Mangobäume auf dem sandigen Terrain. Der Sand war glatt gefegt. Alles war sauber, kein Plastikmüll lag herum. Ziegen gingen gemütlich zwischen den Hütten spazieren oder lagen in ihrem Schatten und kauten auf Mangos herum, die von den Bäumen gefallen waren. Kleine Kinder liefen umher.

Wir ahnten, dass Agbessis Einladung auch einen zweckmäßigen Hintergrund hatte. Schon als er uns einlud, war Thorsten misstrauisch. Er war dafür, die Einladung abzulehnen. Xenia und ich waren anderer Ansicht und schließlich schloss Thorsten sich unserer Meinung an. Dennoch besprachen wir, wie wir vorgehen würden, wenn man uns nach Geld fragen würde. Wir waren entschlossen, uns nicht auf Forderungen einzulassen.

Kurz nachdem wir in dem Dorf angekommen waren, führte Agbessi uns auf einen Platz. Einige der Dorfbewohner führten hier für uns einen Tanz auf. Instrumente wurden gespielt, Menschen klatschten, johlten und tanzten. Irgendwann standen auch wir inmitten der tanzenden Menge und versuchten uns an den traditionellen Tanzschritten. Ich fühlte mich zwischenzeitlich an den deutschen Ententanz erinnert, als wir mit abgespreizten Ellenbogen in die Hocke gingen. Irgendwann löste der Tanz sich auf. Die Menschen wichen zur Seite und bildeten einen Kreis. Alle Blicke waren auf uns gerichtet. Agbessi ergriff das Wort. Er hieß uns noch einmal willkommen und bat uns im Namen der Dorfbewohner um Hilfe. Die Menschen hier hätten viele Probleme, alle seien sehr arm. Es gäbe keinen Brunnen im Dorf und eine Spende würde dem Dorf sehr helfen.

Wir hatten uns innerlich auf diese Situation vorbereitet. Im Vorhinein hatten wir uns darauf geeinigt, dass ich als die Älteste von uns die Rolle der Sprecherin übernehmen sollte. Jetzt galt es, die richtigen Worte zu finden. Meine Hände begannen zu schwitzen. Ich bedankte mich so höflich wie nur möglich bei den Dorfbewohnern. Dass wir einen wunderbaren Tanz gesehen hätten und dass es eine große Ehre für uns sei, in diesem wunderbaren Dorf zu sein, sagte ich. Wir seien hier, um unseren Freund Agbessi zu begleiten und seine Familie kennenlernen zu dürfen. Die Leute schauten uns weiter erwartungsvoll an. Jetzt kam der entscheidende Satz. Leider könnten wir ihnen keine Spende geben, sagte ich. Wie würden die Leute reagieren? Da standen 30, 40 Menschen vor drei jungen Besuchern und bekamen nicht das von ihnen, was sie wollten und worauf sie so sehr gehofft hatten. Was, wenn die Stimmung kippte? In einzelnen Gesichtern glaubte ich Ärger zu sehen. Thorsten, Xenia und ich schauten uns von der Seite an. Ich bedankte mich nochmals. Wir lächelten, neigten den Kopf. Die ersten Dorfbewohner gingen davon, dann weitere. Die Situation entspannte sich.

Als Agbessi uns anschließend zu der Hütte seiner Eltern führte, waren wir sehr erleichtert. Hier aßen wir mit der Familie. Es gab Reis und man hatte uns sogar gekühlte Limonade besorgt. Bevor wir gingen, bedankten wir uns bei den Eltern mit einer Spende für ihre Gastfreundschaft.

Im Oktober begann das neue Schuljahr. Das bedeutete einschneidende Veränderungen. Nyedzi musste Kpalimé verlassen, denn die Grundschule, an der er unterrichtete, war in Sokodé. Von nun an trennten uns 280 Kilometer in einem Land, wo man in einer Stunde Fahrtzeit meist nicht mehr als 20 Kilometer zurücklegen kann!

Ich war unglücklich, aber Nyedzi hatte einen guten

Vorschlag, wie wir uns mit der Situation arrangieren könnten. Auf etwa halber Strecke zwischen Kpalimé und Sokodé liegt Atakpamé. In dieser Stadt mieteten Nyedzi und ich uns eine Ein-Zimmer-Wohnung, um uns wenigstens an den Wochenenden sehen zu können. Die Miete betrug unglaubliche 4000 CFA im Monat, was umgerechnet circa 6 Euro entspricht. Unser Apartment war ein hübsches Häuschen mit Wellblechdach in einer Wohnanlage. Die Anlage lag an einem Hang, weswegen wir eine schöne Aussicht auf die Stadt genossen.

Mehrere Familien lebten hier zusammen und teilten sich die Sanitäranlagen. Da in Togo unter freiem Himmel gekocht wird, besaß die Anlage einen Innenhof. Hier gab es auch einen Brunnen, aus dem wir das Wasser für die Küche, die Dusche und die Toilette schöpften. Massive Tore schlossen das Grundstück zur Straße hin ab. Atakpamé gilt in Togo als die Stadt der sieben Hügel. Und tatsächlich, wenn ich mich in der Stadt bewegte, fühlte ich mich zeitweise an das südliche Europa erinnert. Schön war es hier!

Blick über Atakpamé.

Wir kauften eine Matratze, einen Eimer für die Dusche und die Toilette und ein großes Moskitonetz. Nyedzis bester Freund Benoit gab uns einen Gaskocher und einige Küchenutensilien. Unser kleines Wochenendapartement war eingerichtet.

Eines Tages waren Nyedzi und ich in unserem Zimmer und ich sortierte Dinge, als ich auf einmal ein lautes metallenes Geräusch hörte. Dann spürte ich einen Schmerz am Knöchel. Ich blickte auf den Boden und sah einen großen grauen Stein auf dem Zementboden liegen. Die Haut an meinem Knöchel war abgeschabt und blutete. Jemand hatte einen Stein durch das Fenster auf mich geworfen! Das Geräusch entstand, weil der Stein zuerst eine der Fensterstreben traf anstatt mich, das eigentliche Ziel dieser Attacke.

Ich steckte meinen Kopf durch die Stäbe am Fenster und blickte hinaus: „Wer war das?“, rief ich. Aber von dem alten Mann, der nicht unweit des Fensters auf einem Stuhl vor seinem Haus saß und den Frauen, die seelenruhig Mangos auf dem Boden sammelten, kam keine Reaktion.

Ich blickte Nyedzi mit Tränen in den aufgerissenen Augen an. Er verstand diesen Blick und eilte hinaus. Mit ihm redeten die Leute auf der Straße. Vielleicht hätte nur jemand versucht, mit einem Stein die Mangos vom Baum zu werfen. Aber gesehen? Nein, gesehen hätte man niemanden. Wie zu Anfang des Buches erwähnt, erlebte ich damit eine Sache in Togo, auf die der Begriff der Diskriminierung nicht mehr passt. Was war das anders als Ausdruck von Rassismus? Nach diesem Tag betrachtete ich die Leute etwas anders. Nicht überall war ich willkommen, wurde mir jetzt bewusst.

Nach dieser Erfahrung kann ich besser nachvollziehen, wie sich Ausländer in Deutschland fühlen, die Rassismus erleben müssen. Ich hoffe, dass Nyedzi eine solche Erfahrung immer erspart bleiben wird.

Wir verließen die kleine Wohnung und bezogen anstelle dessen ein Zimmer in dem neugebauten

Haus eines Freundes von Nyedzi, der etwas außerhalb von Atakpamé wohnte.

Neben dieser negativen Erfahrung habe ich auf der anderen Seite oft eine in Deutschland unvorstellbare Solidarität und Hilfsbereitschaft in Togo erlebt. Mit einem Problem blieb man nicht lange alleine und selbst völlig fremde Menschen gaben manchmal alles, um zu helfen. Die Menschen waren im Allgemeinen sehr kommunikativ und gemeinschaftlicher Zusammenhalt hatte für sie eine sehr große Bedeutung.

Mit keinem anderen Menschen hatte ich in Togo natürlich einen so intensiven kulturellen Austausch wie mit Nyedzi und lernte dabei viel über mich selbst und über die togoische Kultur. Niemals zuvor habe ich kulturelle Unterschiede zwischen einem anderen Menschen und mir so stark wahrgenommen. Immer klarer wurde mir im Laufe der Monate, dass Deutschland und Togo auf sehr unterschiedlichen Gesetzen fußen.

Was in Deutschland gut angesehen ist, finden Togolesen lächerlich. Wenn ein Vater sich seinen Kindern als Pony zur Verfügung stellt, halten die meisten Deutschen ihn für einen humorvollen Familienvater. In Togo würde er sich damit jeglichen Respekt verspielen. Einmal habe ich auf dem Markt Nyedzi aus Spaß mit dem Baguette, das wir für unser Frühstück eingekauft hatten, auf den Kopf gehauen. Man, was war der sauer darüber, dass ich ihn in der Öffentlichkeit so respektlos behandelt hatte! Ich hatte ihn öffentlich gedemütigt. Die Kinder, welche die Szene beobachten, bekamen sich nicht mehr ein vor Lachen, während Nyedzi in seinem Stolz furchtbar gekränkt war.

Was die Togolesen für eine gute Erziehung halten, ist in Deutschland strafbar. Die meisten togoischen Kinder werden von ihren Eltern geschlagen. Selbst mein Gastvater Raphael, der in meinen

Augen immer ein so toleranter und lieber Vater war, räumte ein, dass nur seine beiden jüngsten Töchter von Schlägen verschont geblieben waren. Nyedzi hält es auch für richtig, Kinder auf diese Art zu erziehen.

Einmal kam es in der Gastfamilie von Thorsten und Felice zu einer schlimmen Szene, die uns Freiwillige sehr betroffen machte. Der 12-jährige Gastbruder von Felice und Thorsten hatte etwas ausgefressen. Was genau, das wussten Felice und Thorsten nicht. Sie wurden nur Zeugen der Bestrafung auf dem Hof des Hauses. Es war mittags und die Sonne brannte wie beinahe jeden Tag erbarmungslos. Der Junge kniete inmitten des Hofes auf dem sandigen Boden. Die zitternden Arme hatte er senkrecht in die Höhe gestreckt. Sie stemmten einen großen grauen Stein über seinem Kopf. Über das schmerzverzerrte Gesicht liefen dem Jungen die Tränen. Mehrere Stunden musste der Junge in dieser Position verharren. Wir Freiwilligen waren fassungslos über diese Gewalt gegen das Kind, die in unseren Augen nichts anderes als Folter war. Togolesen, denen ich von diesem Ereignis erzählte, fanden solche Strafen aber ganz normal und lachten sogar über die Geschichte. Der Junge sei aufmüpfig, das sei bekannt und es wäre richtig von dem Vater, ihn einmal ordentlich zu bestrafen.

Aber auch in weniger wichtigen Dingen bemerkten wir unzählige Unterschiede. Was den Deutschen schmeckt, ist den Togolesen zu laff. Der Kartoffelsalat mit Würstchen oder die Zwiebelsuppe, die ich für Nyedzi zubereitete, schmeckten ihm zwar nicht schlecht, aber ohne Chili fehlte ihm etwas im Essen. Was die Togolesen essen, ekelt hingegen die Deutschen. Dass man Fleisch in Togo mitsamt der Haut isst, war für mich zunächst sehr gewöhnungsbedürftig. Zuerst hielt ich diese seltsame zähe Schicht an den Fleischstücken, die sich nur schwer kauen ließ, für Fett. Und die Innereien waren auch nicht gerade nach meinem Geschmack.

Hält sich ein deutsches Mädchen für gut gekleidet, halten togoische Frauen und Männer sie wohl eher für eine Prostituierte. Ihre Gastmutter bat Felice einmal darum, sich umzuziehen, weil sie nicht wollte, dass ihre Gasttochter in Hot Pants das Haus verlässt und Nyedzi zuliebe habe ich in Togo einmal ein Fußkettchen abgenommen. Denn das ist eine Mode, die in Togo Prostituierten vorbehalten ist. Ich hatte mich schon gewundert, warum ich mehrmals darauf angesprochen wurde. „Was ist das?“, fragte mich einmal ein Junge. Und ich sagte nur kess: „Hübsch ist das!“, ohne natürlich die Bedeutung des Schmucks zu kennen. An seiner Freundin wollte Nyedzi so etwas nicht sehen. Also nahm ich es eben ab.

An den kulturellen Unterschieden entzündeten sich und entzünden sich auch heute in unserer Beziehung viele Diskussionen. Während unserer gemeinsamen Reise, von der ich später noch mehr berichten werde, waren Roger, Marie, Nyedzi und ich einmal zum Abendessen in einer

Bar. Nachdem wir unseren Couscous mit Gemüse und Tomatensauce aufgegessen hatten, saßen wir noch eine Weile zusammen. Nyedzi erzählte uns von einem Freund seines jüngeren Bruders. Seitdem sein Bruder weiß, dass der schwul sei, esse er nicht mehr mit ihm zusammen. Marie und ich waren ziemlich schockiert.

„Und was sagst Du dazu?“, fragte ich Nyedzi. „Ja, ich sag ihm, das ist gut. Das würde ich genauso machen“, antwortete er darauf. Marie erzählte von ihren vielen homosexuellen Freunden und sagte, vielleicht verliebe sie sich auch mal in eine Frau. Wer weiß das schon? Schließlich verliebe man sich doch immer in einen Menschen, unabhängig von seinem Geschlecht, sagte sie. Roger und Nyedzi hingegen meinten, Homosexualität sei eine Krankheit oder ein Werk des Teufels. Wir gerieten in eine wilde Diskussion, diskutierten über den Ursprung von Homosexualität, Verliebtsein an sich, Geschlechtsumwandlungen und Transsexualität.

Nyedzi beteuerte am Ende, dass er ein homosexuelles Kind verstoßen würde und ich versicherte ihm, dass ich einen solch intoleranten Vater verlassen würde. Kurz darauf verließen wir die Bar. Ich hatte das dringende Bedürfnis, ein Zeichen zu setzen. Marie verstand wie immer und wir nahmen uns trotzig an die Hände. Nyedzi und Roger gingen hinter uns. Ich schaute Marie an. „Das muss jetzt einfach sein", sagte ich und drückte ihr einen dicken Kuss auf den Mund. Roger amüsierte das köstlich, Nyedzi sagte an diesem Abend nicht mehr viel.

Unsere unterschiedlichen Auffassungen in vielen Punkten können Nyedzi und ich nicht einfach tolerieren, ohne uns dabei voneinander zu entfernen – wie man das vielleicht bei weniger nahen Menschen oft tut. Aus meiner Perspektive ist diese Beziehung daher eine interessante Herausforderung und ich wünsche mir, dass Nyedzi und ich immer eine gemeinsame Verständigung finden werden. Uns obliegt die

Aufgabe, zwei verschiedene Welten in unserer kleinen Welt zusammen zu führen.

Ich will Nyedzi nicht zu einem Deutschen erziehen und ich will auch nicht von ihm zu einer Togolesin erzogen werden. Manchmal ist das schwer, weil wir beide meinen, es besser als der andere zu wissen. Ich möchte, dass wir unsere eigene Kultur erfinden und entdecken, was gut für uns ist. Oft werden wir wohl noch darüber nachdenken müssen, welcher Weg für uns beide und vielleicht auch einmal für unsere Kinder der richtige ist. Das, was uns nah zusammen halten wird, ist, dass wir miteinander diskutieren. Nur wer miteinander redet, kann sich verstehen. Das ist, was ich mir für die Zukunft wünsche.

Unsere Zukunft sehen Nyedzi und ich in Europa. Für mich war schnell klar, dass ich nicht auf Dauer in Togo leben könnte. Ich fragte Nyedzi, ob er sich vorstellen könnte, mit mir zu gehen. „Ja, falls ich eine Arbeit finde und der Rassismus nicht zu

schlimm ist“, sagte er darauf. Über den Rassismus machte ich mir weniger Gedanken. Eine angemessene Arbeit für Nyedzi zu finden, das stelle ich mir schwieriger vor.
Aber soweit sind wir noch nicht. Zunächst ist geplant, dass Nyedzi sein Weihnachtsgeschenk einlöst, mich in Deutschland besucht und sich so einen Eindruck von den Menschen und dem Leben hier verschaffen kann. Ob er in unserer individualisierten Gesellschaft überhaupt glücklich werden könnte?

Am 08. August 2014 wird er in Brüssel landen und 7 Wochen mit mir in Deutschland verbringen. Es ist das erste Mal, dass er ein Flugzeug besteigen wird und weiter reist als in die Nachbarländer Togos. Er wird meine Eltern und meine Schwester kennenlernen, Freunde von mir treffen und viele neue Dinge sehen und erleben.

„Wenn etwas Positives in dem Leben eines Togolesen passiert, behält er es häufig lieber für sich, damit andere es ihm nicht neiden“, erklärte mir Nyedzi. Dass ich Nyedzi den Flug geschenkt hatte, erzählte er deshalb nur seinem Vater und seinem allerbesten Freund Ben.

Familie ZABESSI

Im Oktober, zwei Monate nach unserer Ankunft in Togo, zogen Luisa und ich in das Haus unserer Gastfamilie ein. Luisa, fortan meine deutsche Gastschwester, kam aus Köln und hatte gerade ihr Abitur gemacht. Unsere Gastfamilie, die Familie Zabessi, hat vier Töchter und lebt in Kpalimé. Die Gasteltern heißen Raphael und Yawoa und die Mädchen – von klein nach groß – Emma (4), Louise (6), Lucie (12) und Louna (15).

Insgesamt lebten wir zu zehnt in dem Haushalt, da noch eine Schwester unserer Gastmutter und ihr etwa 10-jähriger Sohn Otilien in der Familie lebten. Einmal pro Monat stieg die Zahl der

Hausbewohner sogar auf elf an. Dann kam der Großvater mütterlicherseits für ein paar Tage in die Stadt, um seine Rente bei der Stadtkasse abzuholen.

An der Aufnahme von Freiwilligen verdient die Familie kein Geld. Die Gastfamilien werden von Campagne des Femmes nur für den Aufwand entschädigt, wenn sie sich die Aufnahme eines Freiwilligen sonst nicht leisten könnten. Da das in Togo im Grunde auf fast jede Gastfamilie zutrifft, werden einer Gastfamilie von Campagne des Femmes pro Freiwilligem etwa 3 Euro am Tag gezahlt. Dafür versorgt die Familie den Freiwilligen mit drei Mahlzeiten am Tag und stellt ihm Wohnraum und Wasser zur Verfügung. Sauberes Trinkwasser gibt es in quadratischen 0,5 Liter-Plastikbeuteln zu kaufen. Man beisst mit den Zähnen eine kleine Ecke von dem Plastik ab und trinkt einfach aus dem Beutel.

Raphael, unser Gastvater, war super freundlich,

gesprächig und tolerant. Er liebt Bob Marley und so lief bei uns zuhause oft Reggae-Musik. Raphael ist Künstler und fertigt Kunstgegenstände, unter anderem aus Eben- und Akazienholz, an. In seinem Abstellraum finden sich unzählige Skulpturen von Elefanten und Nilpferden, hölzerne Masken, Schmuck und ähnliches. Sein Haaransatz ist schon etwas zurückgewichen und er hat viele Lachfältchen im Gesicht. Man sieht dem 44-Jährigen an, dass er körperlich arbeitet, denn er ist schlank und sehr muskulös. Man würde denken, er strotze vor Gesundheit und Kraft – wäre da nicht dieses Geschwür an seinem Hinterkopf. Groß wie ein Apfel sitzt es zwischen Kopf und Nacken unter der Haut. Als ich es das erste Mal sah, war ich beunruhigt. Später wusste ich, dass ich mir keine Sorgen machen musste. Auf einem Fest sah ich, wie es sich auf und ab bewegte, wenn Raphael tanzte. Frei wachsende Geschwülste sind in der Regel gutartiger Natur, das wusste ich von meiner Freundin Sarah, einer Ärztin. Es handelte sich also um eine Sache, die man in Deutschland aus ästhetischen Gründen entfernen lassen würde, die aber wohl nicht weiter gefährlich war.

Unsere Gastmutter, Yawoa, ist gelernte Schneiderin und eine hübsche Frau. Wie nur wenige togoische Frauen hatte sie etwas längeres Haar. Dies trug sie jedoch meist geschlossen. Als sie es einmal öffnete, waren Luisa und ich begeistert von ihrem Look. Vor uns stand Tina Turner mit wildem Afro!
Yawoa war 42 Jahre alt. Ihre Wangen waren durch kleine Narben verziert, so als hätte eine Wildkatze sie links und rechts mit der Tatze erwischt. Viele Togolesen tragen solche „cicatrice" im Gesicht oder an anderen Körperstellen. Das ist eine bestimmte Anzahl oder Reihenfolge von geradlinigen Narben. Jede Ethnie hat ihr eigenes Zeichen, das schon Babies und Kleinkindern in die Wangen, auf das Kinn, die Stirn oder den Bauch geritzt wird. Traditionell benutzt man die Krallen eines Hahns um die Zeichen einzuritzen. Der

Brauch verliert sich jedoch immer mehr und viele Kinder und junge Menschen, die man auf den Straßen sieht, haben heute schon keine vernarbten Gesichter mehr. Auch Tattoos sind in Togo nicht ungewöhnlich. Auf ihrem Unterarm hatte Yawoa ihren Mädchennamen tätowiert.

Ohne Yawoa und ihre Tatkraft hätte der Alltag in der Familie nicht funktioniert. Als die Orangen in unserem Garten reif waren, zog sie ohne zu Zögern ihren Rock aus (darunter trug sie noch eine kurze Hose), kletterte fröhlich in den Baum und warf uns von oben die reifen Früchte zu. Yawoa war eine hervorragende Köchin. Sie bekochte täglich die ganze Familie und erledigte die Einkäufe auf dem Markt. Nebenbei nahm sie zudem Aufträge als Schneiderin an. Besonders für Luisa und mich schneiderte sie im Laufe der Monate einige Röcke, Kleider und Hosen. Leider sprach Yawoa nicht sehr gut französisch und so konnten wir meistens nur kurze Unterhaltungen miteinander führen.

Wie beinahe alle Wohnhäuser in Togo, ist das Haus, in dem die Zabessis zur Miete wohnen, von einer hohen Mauer umgeben. Das Haus ist erhöht gebaut, sodass selbst bei starkem Regen kein Wasser eindringen kann. Es ist geräumig, besitzt aber nur ein einziges Stockwerk. Nyedzi bezeichnete das Haus immer als eine Villa, was aus europäischer Sicht etwas irreführend ist. Mit Luxus hat das Leben in diesem Haus nichts zu tun. Dennoch geht es den Zabessis in Bezug auf ihre Wohnsituation sicher wesentlich besser, als vielen anderen togoischen Familien.

Über den betonierten Treppenaufgang betritt man die Vorderterrasse. Hier arbeitet Raphael viel, weshalb Holzspäne, Werkzeuge und Schmirgelpapier herumliegen. Schiebt man den dünnen Stoffvorhang der Eingangstür beiseite, befindet man sich inmitten eines großen Wohn-und Esszimmers. Es gibt zwei Tische. Den hohen Tisch hat Raphael für die Freiwilligen angeschafft. Deshalb stehen an ihm nur zwei Stühle. Um den niedrigeren Tisch herum gruppieren sich fünf hölzerne Klappstühle.

In Togo isst man normalerweise für sich. Zusammen wird nur gegessen, wenn es sich denn ergibt. Dass Familien regelmäßig zum Essen zusammen kommen, gibt es kaum. Das gemeinsame Essen hat Raphael bei den Freiwilligen kennengelernt und für gut befunden. Deshalb isst die Familie jetzt häufiger gemeinsam an dem kleinen Tisch.

Gekocht wird auf der hinteren Terrasse im Freien. Der Herd hat Ähnlichkeit mit einem Eimer. Er besteht aus Ton und wird mit Holzkohle erhitzt. Auf jeden der zwei Herde passt ein Kochtopf, Bratpfannen benutzen die Togolesen selten. Ich war immer wieder erstaunt, wie wenig hitzeempfindlich die Menschen in Togo waren. Glühende Kohlestücke, die aus dem Ofen gefallen waren, nahm Yawoa mit der bloßen Hand auf und warf sie zurück in die Glut. Die Mädchen taten es

ihr gleich. Irgendwann kapierte ich, dass das Verhältnis von Hitze und Kälte in Afrika genau umgekehrt sein musste. Wenn wir den Kindern gelegentlich ein Wassereis an der Straßenecke kauften, warfen sie es wie eine heiße Kartoffel in ihren Händen hin und her. Heiße Töpfe oder glühende Kohlen
fassten sie dagegen mit den bloßen Händen an.

In dem Haus gibt es zwei Schlafzimmer für Freiwillige und einen Bereich, in dem die Familie schläft. Diesen Bereich habe ich zwar nie betreten, denke jedoch, dass die gesamte Familie dort zusammen in einem Zimmer geschlafen hat. Darüber hinaus gibt es in dem Haus ein Badezimmer mit einer Spültoilette, einem Waschbecken und einer Dusche. Damit hatten Luisa und ich es sehr gut getroffen. Andere Freiwillige, wie Xenia zum Beispiel, mussten während ihres gesamten Aufenthaltes mit Hilfe eines Eimers duschen und sich mit einem Plumpsklo auf dem Hof begnügen.

Die Küche auf der hinteren Terrasse des Hauses. Louna hält einen Fufu-Stampfer, während Lucie auf der Tafel schreibt.

Ein kleines Mädchen wird in einem Eimer gebadet.

Luisa und ich hatten jeweils ein eigenes Zimmer. In denen gab es jeweils ein Bett, ein mit einem Moskitonetz versehenes Fenster, einen Schreibtisch und einen Plastikstuhl. Außerdem war eine Vielzahl von Wäscheleinen durch den

Raum gespannt.

Die Wäsche macht man in Togo mit der Hand und einen Waschsalon sucht man vergeblich. Luisa erledigte die Wäsche gleichzeitig mit ihrer Dusche im Bad und ich wusch meine durchgeschwitzten und staubigen Klamotten sonntags im Garten. Ein Grund, weshalb Luisa so viele Klamotten hatte, war wohl die Handwäsche. Wenn Luisa keine frische Unterwäsche mehr hatte, erkannte man das immer daran, dass sie ihre Bikinis drunter hatte. Wenn die dann auch schmutzig waren, musste Luisa wohl oder übel ran.

Die Wäsche trocknet am bestem im Freien.

Die beiden mittleren Mädchen, Louise und Lucie, kamen mir manchmal zur Hilfe, wenn ich sonntags im Garten wusch. Wobei Hilfe relativ ist, denn Louise machte es am meisten Spaß, Schaum aufzuschlagen und verbrauchte dabei eine Menge

Waschpulver.

In dem Haus gab es ein paar Mäuse, Kakerlaken und Geckos. Die Geckos waren interessant. Sie kamen abends heraus und klebten mit ihren dicken Zehen an den grauen Wänden. Man musste aber genau hinschauen, um sie zu sehen, denn ihre Haut war fast genauso grau wie die Wand.

Wesentlich unangenehmer waren die großen dunkelbraunen Kakerlaken. Sie kamen zum Glück auch nur in der Nacht. Am Morgen konnte man diejenigen aufsammeln, die gegen die Wand geflogen, abgeprallt und auf den Rücken gefallen waren. Wie Käfer können sie sich dann nicht mehr umdrehen und man kann sie an den Fühlern packen. Die Hühner im Hof freuten sich immer über diese morgendlichen Leckerbissen.
Luisa hatte mit den Mäusen zu kämpfen. In ihrem Zimmer gab es ein Mäuseloch, das sie versuchte, so gut wie möglich mit Socken zu stopfen. Auf

unseren Schreibtischen und den Fensterbänken lagen am Morgen trotzdem immer wieder kleine Mäuseköttel. Nachdem ich aber bemerkte, dass die Mäuse in meinem Zimmer die Kakerlaken fraßen, zumindest die toten, fand ich sie nicht mehr ganz so schlimm.

Bei den Zabessis herrschte eine schöne Stimmung. Die vier Mädchen waren fröhlich und quirlig. Die Jüngeren freuten sich, dass sie Luisa und mir die Fingernägel lackieren und uns die Haare frisieren durften. Oft flochten sie uns schmale Zöpfe, steckten uns Schmuck in die Haare oder begnügten sich damit, sie zu kämmen. Einmal schnitten sie mir bei einer dieser Frisörsitzungen ohne Vorwarnung eine Haarsträhne ab.
Über die vielen Cremes, die auf meinem Tisch standen, waren die Mädchen ebenfalls sehr erfreut. Das Deodorant aus der Spraydose gefiel besonders Louise und Emma und manchmal kamen die Mädchen nur in meinem Zimmer

vorbei, um sich einen duftenden Sprühstoß davon abzuholen.

Die beiden älteren Mädchen interessierten sich mehr für mein Netbook, auf dem sie gerne Filme guckten. Am liebsten mochten die Mädchen Tanz-und Musikfilme. Der US-amerikanische Cheerleader-Film „American Girls“ mit Kirsten Dunst in der Hauptrolle war ihr absoluter Lieblingsfilm und auch den ABBA-Film „Mamma Mia“ schauten sie sich immer wieder begeistert von Neuem an. Emma und Louise liebten hingegen „Cinderella“ von Walt Disney.

Ich gab mir während des Aufenthaltes einige Mühe, unsere Gastgeschwister zu bespaßen. Wir machten Stockbrot, waren schwimmen, bemalten Ostereier, lösten Sudokus, batikten T-Shirts, spielten im Garten Verstecken, sammelten Schnecken und Mangos, tanzten und malten. Die beiden kleinsten Mädchen waren besonders süß und wurden mit der Zeit immer anhänglicher.

Wenn ich abends mit meinen Eltern skypte, setzte ich mich auf den Fußboden in meinem Zimmer und Louise legte sich oft neben mir auf den Boden. Sie legte dann ihren Kopf auf meine Beine und ich streichelte ihr über ihre kurzen, krausen Haare bis sie einschlief.

Alle Kinder in Togo tragen ihre Haare kurz. Die Schulen schreiben dies vor, genau wie das Tragen einer Schuluniform. Aber auch die Erwachsenen bevorzugen einen Kurzhaarschnitt, weil sich die dicken, lockigen Haare schnell verfilzen. Viele Frauen tragen statt ihren echten Haaren schicke Perücken auf ihren rasierten Köpfen oder lassen sich Zöpfe aus Kunsthaar einflechten.

Dass lange Haare in Togo nicht gerne gesehen sind, hat noch einen anderen Grund. Die Rastafaris lassen sich ihre Haare wachsen. Sie sind allgemein nicht gut in der Gesellschaft angesehen, weil sie als faul und ungebildet gelten. Die Rastas sind so etwas wie die gesellschaftlichen Outsider und Rebellen Togos. Unter der Woche chillen sie und sitzen in ihren Boutiquen, wo sie Kunst machen und verkaufen. Und an den Abenden oder Wochenenden gehen sie zum Feiern in die Reggae-Bars.

Viele der Rastas tanzen in Gruppen, wo sie zusammen trommeln und traditionelle Tänze einstudieren. Manche von ihnen geben sich sogar Künstlernamen. Sam, Momo oder Sniper sind zumindest recht ungewöhnliche Namen für einen Togolesen. Den ausländischen Freiwilligen gefällt oft ihr lockerer Lebensstil und die meisten Mädels, die einen Freund in Togo finden, lernen ihn unter den Rastafari oder in den Tanzgruppen kennen.

Raphael unterhielt geschäftliche Kontakte zu den Rastas, da sie zu den Hauptabnehmern seiner Kunstwerke zählen. Luisa und ich denken, dass er außerdem viele Freunde unter ihnen hat. Deshalb hielten wir Raphael immer für einen heimlichen Rastafari, der statt eines Rastas aber lieber ein gutes Vorbild für seine Mädchen sein möchte. Luisa und ich nannten ihn deshalb manchmal scherzhaft den „Rasta in the heart“.

In den letzten Wochen meines Aufenthaltes begannen Raphael und Yawoa Seife herzustellen und zu verkaufen. Ohne eine zusätzliche Einnahmequelle wurde es für sie immer schwieriger, das Haus zu halten. Mit umgerechnet etwa 38 Euro Miete im Monat war es eine sehr teure Unterkunft. Umziehen wollten die Kinder aber nicht, denn das hätte bedeutet, dass die Familie keine Freiwilligen mehr würde aufnehmen können.

Die Kinder profitierten von der Anwesenheit der Freiwilligen dadurch, dass sich ihre Französischkenntnisse schneller und besser entwickelten als in den Familien, in denen nachmittags nur die Muttersprache gesprochen wird. Außerdem sind die Freiwilligen in den meisten Fällen offen und freundlich und beschäftigen sich mit den Kindern ihrer Gastfamilien. Sie machen ihnen Geschenke und spielen mit ihnen. Eine ältere weiße Gastschwester oder einen Gastbruder zu haben, ist natürlich auch einfach spannend und cool für die Kinder, obwohl der Abschied von den Freiwilligen ihnen natürlich immer schwer fällt.

Regeln gab es für Luisa und mich in der Gastfamilie kaum. Allerdings sollten wir abends vor 22 Uhr zuhause sein. Da Togo nahe des Äquators liegt, wird es jeden Tag um etwa 6 Uhr hell und um 18 Uhr dunkel. Während dieser Zeit spielt sich in Togo das Leben ab. Nach 22 Uhr sind nur noch wenige Menschen auf den Straßen. Es gibt kaum Straßenbeleuchtung, wovon Kriminelle natürlich profitieren. Besonders als Weißer kann man nachts leicht zum Ziel von Überfällen werden. Ich fühlte mich aber jederzeit sicher in Togo und erlebte in dieser Hinsicht keine gefährliche Situation.

Die Einheimischen haben sich immer viel mehr Sorgen um unsere Sicherheit gemacht als wir Freiwilligen, vermutlich weil sie das Risiko besser kannten. Mir machten die Ausgehregeln auch nichts aus. Da ich vor 6 Uhr aufstehen musste, um rechtzeitig im Projekt zu sein, ging ich gerne auch früh ins Bett. Und wenn wir am Wochenende auf Feiern gingen, erlaubte uns Raphael immer, länger weg zu bleiben.

Ein einziges Mal wurde ich in Togo beklaut. Meine Tasche stand im Hof von Honoré auf dem Boden. Wir sollten an diesem Tag Honoré dabei helfen, Steine zu schleppen und ich stellte die Tasche währenddessen dort ab. Ein circa 12-jähriger Junge half uns bei der Arbeit, ohne dass wir ihn darum gebeten hatten. Kurze Zeit später war er verschwunden. Ich wurde misstrauisch und ging zu meiner Tasche. Tatsächlich, der Junge hatte das Portemonnaie und die Digitalkamera aus meiner Tasche genommen. Er war in der Nachbarschaft bekannt und bald ausfindig gemacht. „Es ist nicht das erste Mal, dass der Junge etwas stiehlt“, sagte seine erboste Mutter. Sie fand ihn auf dem Markt. Dort hatte er seinen kleinen Diebstahl schon mit einer Flasche Coca Cola und einer Portion Fufu gefeiert.

Ich bekam meine Dinge zurück und Honoré hielt dem Jungen eine große Strafpredigt, in der er sehr oft die Wörter Zukunft und Gefängnis benutzte. Der Junge schämte sich sehr und weinte die meiste Zeit. Ich sagte, wie froh ich sei, meine Sachen wieder zu haben und dass ich hoffte, dass er nicht noch mal etwas nimmt, was ihm nicht gehört.

Als ich zu den anderen Freiwilligen zurück kam, war die Stimmung komisch. Thorsten meinte, ich hätte den Diebstahl nicht publik machen sollen. Er befürchtete, dass der Junge von seinen Eltern zu stark bestraft werden würde. Was, wenn sie ihn jetzt verprügelten? Vielleicht war dieser Einwand berechtigt. Daran hatte ich gar nicht gedacht. Aber würde der Junge nicht zu weiteren Diebstählen ermutigt werden, wenn er mit der Beute davonkäme? Vielleicht hatte er jetzt den lehrreichen Schock bekommen, den er brauchte. Ich hielt es für richtig, ihn damit zu konfrontieren und außerdem wollte ich natürlich meine Dinge zurückbekommen.

Mit der Sprache klappte es inzwischen immer besser. Mein Ewe entwickelte sich auch mit der Zeit nicht viel weiter, aber dafür wurde mein Französisch immer besser. Manchmal kam es schon vor, dass ich Wörter in meinem kleinen Taschenwörterbuch nachschlagen wollte und sie schon gar nicht mehr drin standen. Wow!

Eines Tages wurden Luisa und ich ganz unverhofft für eine Radioreportage interviewt. Die Radioreporter machten einen Bericht über Freiwillige in Togo und ihre Gastfamilien. Sie befragten uns in der Küche des Hauses nach unseren Erlebnissen und unseren Eindrücken.

Freudig plauderten Luisa und ich also auf französisch über togoisches Essen, den kulturellen Austausch und das Klima und das, laut Aussage der Anwesenden, fast ohne Fehler!

Mit Raphael führte ich, meistens am Frühstückstisch, oft sehr interessante Unterhaltungen über alles Mögliche. Oft redeten wir über kulturelle Unterschiede zwischen unseren Ländern. Einmal unterhielten wir uns zum Beispiel über das Heiraten. Ein großer Unterschied zwischen Togo und Deutschland liegt wohl darin, dass togoische Frauen glauben, nicht ohne die Unterstützung eines Mannes existieren zu können. Ob das eine Frage des Glaubens oder der Notwendigkeit ist, lässt sich jedoch schwer beurteilen. Ohne einen Ehemann und Kinder, die sie umsorgt, ist eine togoische Frau in der Gesellschaft schlecht angesehen und hat es schwer, ihren Lebensunterhalt zu verdienen.

Außerdem gibt es in Togo noch einen „dot“, eine

Art Brautpreis, den der Mann an seine zukünftigen Schwiegereltern zahlt. Der dot besitzt heutzutage aber eher einen symbolischen Charakter, denn er besteht meist aus Stoffen, Getränken, Lebensmitteln und etwas Geld.

Die durchschnittliche Kinderanzahl in Togo liegt bei fünf Kindern pro Frau. In dieser Hinsicht lag meine Gastfamilie also noch unter dem Durchschnitt. Raphael hatte sich immer einen Sohn gewünscht, aber nachdem auch das vierte Kind ein Mädchen geworden war, gaben sie die Versuche auf.
Die hohe Kinderanzahl in Togo bedeutet natürlich auch, dass einfach überall Kinder sind, was ich sehr schön fand. Die Kinder sind überhaupt nicht kontaktscheu, zumindest wenn sie schon einmal Weiße kennengelernt haben. Wenn wir auf einem Fest in einem Dorf waren, haben wir Freiwilligen manchmal Kinder „geangelt“. So nannten wir es, wenn wir beim Schlendern einfach locker unsere Hände neben dem Körper hängen ließen. Und

„schwups“ hatten wir bald schon viele kleine Händchen an unseren Händen. Umso mehr fällt mir heute auf, wie wenig Kinder es im Vergleich dazu in Deutschland gibt.

Kindererziehung wird in Togo als eine Gemeinschaftsaufgabe wahrgenommen. Manchmal nahm das für mich sehr befremdliche Züge an. Als ich bei Nyedzis Tante zu Besuch war, passte die etwa 60-jährige Frau gerade auf ihren kleinen Neffen auf. Als er unentwegt quengelte, griff sie kurzerhand in ihr Oberteil, nahm ihre schwere Brust heraus und ließ den kleinen Kerl daran nuckeln.

Die Frauen in Togo tragen ihre Babies und Kleinkinder mit Hilfe eines Tuches auf dem Rücken. Mit einem Pagne werden die Kinder über den Hüften ihrer Mama festgebunden und begleiten ihre Mütter so überall hin. Mit einer gekonnten Aktion, bei der die Mutter das Kind an einem Arm über sich wirft, werden die Kinder auf den Rücken gehievt. Dann legt die Mutter in gebückter Haltung den Stoff um das Kind und bindet das Tuch oberhalb ihrer Brust zu.

Die Waren für den Markt, Wassereimer, Nähmaschinen oder sonstiges Gepäck tragen die Frauen oft zusätzlich auf dem Kopf. Als Polster wickeln sie sich ein Stück Stoff unter die Last und balancieren dann die häufig kiloschweren Dinge auf ihren Köpfen. Meine Freundin Martina und ich haben das auch einmal versucht und sind kläglich gescheitert. Es war so schwierig, die Last im Gleichgewicht zu halten. Außerdem tat uns davon die Schädeldecke furchtbar weh.

Auch Wasserbottiche transportieren die Frauen auf ihren Köpfen – entsprechend hoch sind die Wasserhähne angebracht.

In Togo hat das Alter und die mehr oder weniger damit verbundene Weisheit einen hohen Stellenwert. Manchmal fand ich es albern, dass man Älteren mit so viel Respekt gegenüber trat, nur weil sie mehr Lebensjahre zählten, aber irgendwann verstand ich, dass noch mehr dahintersteht.

Langsam fing ich ebenfalls an, mir Ratschläge von meinem Gastvater zu holen und fand das ganz schön und beruhigend. Raphael schien in Kpalimé einen sehr guten Ruf zu genießen und wurde oft aufgesucht, um einen Rat zu erteilen oder zwischen Streitenden zu vermitteln. Manchmal erzählte er mir, was in den einzelnen Fällen passiert war, wenn wieder fremde Menschen in unserem Haus gewesen waren, auf der Terrasse saßen und sich mit Raphael berieten.

Einmal war er sehr traurig über ein Ereignis. Das erste Mal sah ich Tränen in seinen Augen. Eine Mutter hatte jahrelang ihren kranken Mann gepflegt, der auch ein Freund von Raphael gewesen war. Er verlor zunehmend seine Kräfte und am Ende konnte er nicht mehr aus dem Bett aufstehen. Niemand wusste, an welcher schlimmen Krankheit der Mann litt. Das ist in Togo nicht selten der Fall. Manchmal stehen die Geräte zur Diagnostik nicht zur Verfügung, die Besuche im Krankenhaus sind zu teuer oder die Krankheit ist den Ärzten nicht bekannt.

Erst nach dem Tod ihres Mannes erfuhr die Frau, an welcher geheimnisvollen Krankheit ihr Mann gestorben war. Ihr Ehemann, um den sie sich bis zu seiner letzten Stunde kümmerte und sorgte, war an AIDS gestorben. Er war immer wieder bei Prostituierten gewesen und hatte sich mit HIV infiziert. Er wusste natürlich davon, hatte jedoch nicht die Courage, dies seiner Frau mitzuteilen.

Als wäre das nicht genug, ereilte die arme Witwe bald der nächste Schock. Sie erfuhr, dass auch sie infiziert ist. Eine medikamentöse Behandlung kann sie nicht bezahlen. Sie muss sich jetzt alleine um vier Kinder kümmern. Ihr Herz belastet zudem eine schlimme Sorge. Bis heute traut sie sich nicht, ihre Kinder einem Test zu unterziehen.

Zuviel Angst hat sie vor dem Ergebnis. HIV und AIDS sind in Togo im Vergleich zu anderen afrikanischen Ländern wie zum Beispiel Südafrika, Mosambik oder Swasiland nicht sehr stark verbreitet. Die Rate der HIV-Infizierten liegt nach Angaben der Vereinten Nationen unter den Erwachsenen bei etwa 3 Prozent.

Aufklärungsplakat im Kampf gegen HIV und AIDS.

Raphael war zutiefst getroffen und sehr enttäuscht von seinem ehemaligen Freund. Heute bezeichnet er ihn als einen Verbrecher und hat großes Mitgefühl mit der Witwe und ihren Kindern. An Weihnachten lud er sie zu uns ein und wir feierten mit ihnen zusammen.

Ein zweites Ereignis regte Raphael ebenfalls sehr auf. Es war für ihn das Beispiel für Widersinnigkeit in der togoischen Justiz. Ein junges Ehepaar aus Kpalimé hatte ein 8 Monate altes Baby. Weil er in Togo nicht genug Arbeit fand, um seine kleine Familie zu ernähren, ging der Mann zum Arbeiten nach Ghana. Seine junge Frau blieb mit dem Baby zurück. Die Wochen vergingen. Die Frau fühlte sich einsam und allein gelassen mit ihrem Kind und ließ sich irgendwann auf einen anderen Mann ein. Als ihr Ehemann mit dem hart erarbeiteten Geld aus Ghana zurückkehrte, erfuhr er bald von dem Ehebruch. Nachbarn berichteten ihm von einer Affäre seiner Frau. Was sollte er tun? Zusammen mit seiner Frau ging er zu dem Dorfältesten des Heimatdorfes seiner Frau. Der Alte hörte sich die Geschichte an, aber auch er fand keine gute Lösung für die Situation. Eine gemeinsame Zukunft konnte es wohl nicht mehr geben. Der Mann verließ die Frau und das Baby blieb fortan bei seiner Mutter. Der Vater zahlte den Unterhalt für das Kind. Die junge Frau hielt es aber wieder nicht lange alleine zuhause mit dem Baby aus. Sie versuchte, einen neuen Mann kennenzulernen. Seit der Trennung ging sie immer öfter abends aus. Während dieser Zeit schloss sie das Baby zuhause ein. Die Nachbarn beobachteten die Frau genau und berichteten dem Vater des Kindes von dem Verhalten der Frau.

Wachte das Baby auf, begann es manchmal zu schreien. Eines Abends schrie es so laut und lange, dass die Nachbarn es nicht mehr aushielten. Zusammen mit dem Vater brachen sie die Tür des Hauses auf. Man alarmierte die Polizei und übergab den Fall der Justiz. Später erfuhren sie noch ein schlimmes Detail: Die Mutter, eine Krankenschwester, hatte das Kind unter Betäubungsmittel gesetzt.

Für diese Tat verurteilte man die Frau wenig

später zu einer Gefängnisstrafe. Aber wer kümmert sich nun um das Baby, das ja noch gestillt werden muss? Die Situation war nur noch schlimmer geworden. Für meinen Gastvater trugen Vater und Mutter zu gleichen Teilen die Schuld an den Umständen und daran, dass das Baby nun auf seine Mutter verzichten musste. Für ihn hätte der Vater die Familie gar nicht erst verlassen dürfen. Die Polizei hätte man seiner Meinung nach ebenfalls nicht alarmieren dürfen. Anstelle dessen hätte die Angelegenheit in der Familie geregelt werden sollen, da die Gefängnisstrafe der Mutter dem Kind nur Schaden zufüge. Und schließlich sei es ja gerade das Wohl des Kindes, das hier geschützt werden müsse. Ich gab Raphael Recht darin, dass die Versorgung des Babys im Vordergrund hätte stehen müssen. Aber ich fand es gut, dass die Polizei hier in einem Verbrechen einschritt, dass in der Privatsphäre geschehen war und sagte Raphael, dass ich dem feministischem Slogan „das Private ist politisch“ zustimme. Oft geschehe ein polizeiliches

Einschreiten ja nicht und Schwache, wie Kinder und Ehefrauen, würden im Privaten ungestraft misshandelt. Eine starke Trennung von öffentlicher und privater Sphäre benachteiligt Frauen und Kinder häufig gegenüber ihren Männern oder Eltern. Denn Frauen und Kinder sind vor allem im Privaten Misshandlungen ausgesetzt.

Neben diesen schlimmen Schicksalen hatte Raphael aber auch immer eine lustige Geschichte parat, zum Beispiel die Geschichte von „Jamen". Vor einigen Jahren kam eine Baufirma namens „Jamen" aus Benin nach Togo, um dort Straßen zu bauen. Die stattlichen Arbeiter aus Benin machten natürlich bald die Bekanntschaft mit den Frauen aus den umliegenden Dörfern. Nachdem die Arbeiten beendet waren, kehrten die Bauarbeiter wieder nach Benin zurück und hinterließen nicht wenige schwangere Frauen. Als die Frauen zur Entbindung ins Krankenhaus kamen, wurde das Dilemma offensichtlich. Sie kannten oft nicht einmal die Nachnamen der Väter und das, wo ein

Kind in Togo automatisch den Nachnamen seines Vaters trägt. Wie ließ sich das lösen? Die Frauen waren Pragmatismus gewöhnt. Kurzum ließen sie den Namen der Baufirma für ihr Kind eintragen. Und so kommt es, dass einige junge Leute in dieser Gegend heute den Nachnamen „Jamen“ tragen.

Da Luisa und ich in einer christlichen Gastfamilie lebten, feierten wir dort auch Weihnachten zusammen. Bei Temperaturen zwischen 30 und 40 Grad Celsius stellte sich bei mir jedoch keine richtige Weihnachtsstimmung ein, obwohl die Weihnachtsmusik aus allen Lautsprechern auf den Straßen tönte. Unser Haus lag direkt gegenüber einer Bar, der „Bakula“ und wurde täglich bis in die Nacht mit Weihnachtsmusik beschallt. Von „Jingle Bells“, „Felice Navidad“ und „Marys Boy Child“ hatte ich bald Dauerohrwürmer. In Togo war es für mich trotzdem alles andere als weihnachtlich – denn darunter verstand ich statt Hitze, tropischer Früchte und strahlendem Sonnenschein eher kalte

Füße, Schnee, Weihnachtsmärkte, Kerzen und grüne Tannenzweige. Die Mädchen freuten sich hingegen sehr auf das Weihnachtsfest und tanzten viel zu lauter Weihnachtsmusik im Wohnzimmer. Ich war indessen etwas traurig darüber, dass ich Weihnachten nicht zuhause verbringen konnte. Das erste Mal empfand ich Heimweh und Sehnsucht nach Deutschland, meiner Familie und meinen Freunden.

Wie in so vielen Ländern, findet das eigentliche Weihnachtsfest in Togo nicht am heiligen Abend, sondern am 25. Dezember statt. Heiligabend habe ich daher nicht mit meiner Gastfamilie, sondern mit Nyedzi verbracht. Wir wollten in den Gottesdienst gehen. Schon vor dem Kirchgang hatte Nyedzi mir ein Geschenk gemacht. Er hatte mir ein Kleid schneidern lassen und sich aus demselben Stoff ein Hemd, sodass wir im Partnerlook die Kirche besuchten. Das ist für togoische Paare typisch, denn Zärtlichkeiten werden in der Öffentlichkeit nicht ausgetauscht und so kann man immerhin optisch zeigen, dass man zusammen gehört.

Ganze drei Stunden dauerte die sehr feierliche Messe. Alle trugen ihre besten Kleider und es herrschte eine besondere Stimmung. Der Höhepunkt kam, als das Jesuskind in Form einer weißen Plastikpuppe in die Kirche getragen wurde. Die Leute sangen und tanzten. Was für ein Spektakel!

Später am Abend haben Nyedzi und ich uns gegenseitig noch ein Geschenk überreicht. Er hatte noch eine geschnitzte Elefantenfigur aus Akazienholz für mich, die er in Sokodé gekauft hatte. Sie zeigte zwei Elefanten, die sich gegenüberstehen und deren Rüssel sich berühren. Als er meine Weihnachtskarte las, wusste er nicht, was er sagen sollte und war sehr gerührt. Ich hatte ihm einen Flug nach Deutschland geschenkt. Noch dieses Jahr würde er deutsches Essen probieren, das Haus meiner

Eltern sehen, in deutschen Wäldern und auf deutschen Straßen spazieren, das berühmte deutsche Bier trinken, in Kaufhäusern und Supermärkten einkaufen.

Das Geschenk war natürlich auch ein Geschenk an mich, weil ich den Mann, den ich mittlerweile fest in mein Herz geschlossen hatte, bei mir haben wollte.

Am ersten Weihnachtstag unternahmen wir zusammen mit unserer Gastfamilie einen Ausflug in ein Dorf auf dem Mont Agou. Nach einer Audienz bei dem Dorfchef gingen wir auf den Dorfplatz. Zuvor bewässerten die Dorfbewohner den Boden, damit wir beim Tanzen nicht in einer riesigen Staubwolke untergingen. Ein paar Männer begannen zu trommeln und wir tanzten.

Abends gab es dann ein gemeinsames Essen in dem Haus meiner Gastfamilie und es wurden Geschenke verteilt. Meine Mutter hatte einige

Dinge für die Kinder mit der Post geschickt, unter anderem einen Wandkalender, ein kleines Xylophon mit bunten Tasten und ein Puzzle. Darüber freuten sich die Mädchen sehr. Meine Gasteltern schenkten Luisa und mir jeweils einen Pagne. Später schneiderte Yawoa daraus ein Kleid für Luisa und einen Rock für mich.

In den Weihnachtsferien kamen Luisas Eltern und ihr Bruder zu Besuch. Zusammen mit Luisas Familie besichtigten wir am zweiten Weihnachtstag ein nahegelegenes Kloster, das "L'Abbaye de l'Ascension de Danyi-Dzogbégan". Für wenig Geld können Besucher in dem Kloster übernachten, Vollpension inklusive. Es liegt einsam auf einem kleinen, grün bewachsenen Berg. Das Gebetshaus bildet das Zentrum der Anlage. Es ist aus massivem Holz gebaut und hat ein spitzes Dach. Im Innern der Kirche stand eine große Krippe. Nachdem wir die Kirche besichtigt hatten, spazierten wir auf dem Gelände umher. Unser Spaziergang führte uns an

Mandarinenbäumen, Pfefferbüschen, einzelnen Rosensträuchern und Ananasbeeten vorbei. Niemals hätte ich vermutet, dass Ananas auf dem Boden wachsen! Aber tatsächlich, aus der Mitte der niedrigen Büsche mit ihren langen dünnen Blättern ragte jeweils eine kleine Ananas empor.

Ein Ananasfeld im Klostergarten in Danyi-Dzogbégan.

Dann gelangten wir an eine große Wiese. Wie fast alle togoischen Männer, sind auch die Mönche nach Fußball verrückt. Und wenn sie nicht beten, ihre Felder bestellen, Marmelade oder Früchtesirup herstellen, spielen sie auf der Wiese Fußball. Wir kauften in ihrem kleinen Klosterladen noch ein paar Souvenirs, wie Kaffee und Gewürze, bevor wir uns wieder auf den Heimweg machten.

Mein Weihnachtsfest 2013 war zwar ganz anders, als in all den Jahren zuvor, aber ein richtig fröhliches und schönes Weihnachtsfest.

Im April feierte ich auch meinen Geburtstag in der Gastfamilie. Ich hatte sie und Nyedzi zu diesem Anlass in das größte Hotel Kpalimés zum Essen eingeladen. Da mein Geburtstag in die Osterferien fiel, waren viele der Freiwilligen nicht da. Auch Luisa war vereist, sie war mit ihrem Freund Momo nach Benin gefahren. In Kpalimé gibt es nur wenige Restaurants, aber einige Hotelrestaurants, in denen sogar europäisches Essen serviert wird.

So gab es an diesem Abend Zwiebelsuppe, Steak, Pommes Frites, Bohnen und zum Dessert ein Eis. Das war für die Familie eine sehr besondere Sache und es war mir schon unangenehm, wie sehr sie sich für diesen Abend bedankten. Raphael sagte, man müsse sich nichts vormachen, er und seine Familie hätten noch nie in einem Restaurant gegessen und es wäre eine große Ehre für sie.

Später sind Raphael, Nyedzi und ich mit den daheim gebliebenen Freiwilligen und Nyedzis Bruder Roger zum Tanzen in die „Positive Reggae Bar" gegangen und haben bis spät in die Nacht gefeiert.

Ich bin sehr froh und dankbar darüber, in so einer liebenswerten Gastfamilie gelebt haben zu dürfen.

Luisa und ich fühlten uns bei den Zabessis sehr wohl und angenommen. Besonders die Kinder hatten wir schnell lieb gewonnen und so flossen am Tag des Abschieds viele Tränen. Die Kinder waren ziemlich traurig über meine Abreise. Luisa, die noch 1 ½ Monate länger in Togo blieb als ich, erzählte mir später, dass die Mädchen die erste Nacht nach meiner Abreise in meinem Zimmer geschlafen hatten, was mich sehr rührte. Nach dem Zusammenleben mit meiner Gastfamilie weiß ich, dass ich selbst Kinder haben möchte. Vorher war ich mir in diesem Punkt nicht sicher, aber jetzt wünsche ich mir das, was die Zabessis schon heute haben, auch für meine Zukunft.

Im Norden ist Togo ganz anders

Im November besuchte meine Freundin Martina mich in Togo. Martina promoviert in Maschinenbau und ist einer der vernünftigsten und cleversten Menschen, die ich kenne. Sie ist sparsam, pragmatisch, analytisch, unternehmungslustig und sportlich. Ihre hohe Intelligenz ist mir manchmal unheimlich. Wie man den Knobelwürfel löst, ist mir absolut rätselhaft, für sie ist das eine leichte Übung.

In Begleitung unseres togoischen Reiseleiters, Jerôme, unternahmen wir eine einwöchige Rundreise mit dem Mietwagen durch Togo. Diese Art zu reisen wird einem als die sicherste und schnellste Art empfohlen, besonders wenn man wenig Zeit hat. Auf die immer heillos überladenen Buschtaxen muss man oft stundenlang warten und bewegt sich in ihnen nur sehr langsam vorwärts. Mit seinem eigenen Wagen ist man unabhängig, kann sein Gepäck einfach im Kofferraum verstauen und seine Route flexibel planen.

Ein Beispiel für eines der völlig überfrachteten Buschtaxen.

Martina erlebte nach der Ankunft einen klimatischen Schock. Ab November, wenn die große Trockenzeit beginnt, wird es in Togo richtig heiß. Als ich mich in der ersten Nacht in unserem

Hotelzimmer zudeckte, konnte Martina das kaum fassen. Mir war abends eben ein wenig kühl, während sie immer noch schwitzte. Das Klima machte mir zu diesem Zeitpunkt noch nichts aus, denn gerade erst war die kleine Regenzeit vorbeigegangen. Sie dauerte von September bis Oktober und es regnete manchmal sehr heftig. Die Regenfälle erinnerten mich an den deutschen Herbst, obwohl die Regentropfen in Togo um einiges dicker sind.

Unser Roadtrip begann in Lomé. Dort besuchten wir das Nationalmuseum, das Parlamentsgebäude, den Voodoo-Fetischmarkt und den Strand.

Das togoische Nationalmuseum würde man aus deutscher Sicht wohl eher als ein Regionalkundemuseum bezeichnen, da die Ausstellung übersichtlich klein ist. Es war dennoch in jedem Fall einen Besuch wert, da es uns gut auf die Reise einstimmte. Viele Exponate begegneten uns im Laufe der Reise wieder, wie zum Beispiel ein Blasebalg aus einer Eisenschmiede. Daneben stellt das Museum weitere Dinge aus der Geschichte des togoischen Handwerks, wie der Töpferkunst, Zeugnisse des Sklavenhandels oder ausgestopfte heimische Wildtiere aus.

Auf dem Voodoomarkt bekamen wir weitere tote Tiere zu sehen. Getrocknete Chamäleons, abgetrennte Gorillahände, die eine erschreckende Ähnlichkeit mit Menschenhänden aufwiesen, geschrumpfte Löwenköpfe und diverse Tierschädel werden hier auf dem Marktplatz neben Voodoopuppen als Fetische zum Kauf angeboten. Zahlreiche Voodoomeister haben hinter den Verkaufsständen ihre Zelte aufgeschlagen und bieten die unterschiedlichsten Zauber an. Wer sich für solch eine Dienstleistung entscheidet, sollte bedenken, dass jeder Zauber angeblich eine gute und eine schlechte Seite hat und immer auch ein Opfer fordert. Und wer sich nicht für so etwas interessiert, sollte am besten gar nicht erst ein solches Zelt betreten, da die Fetischmeister einen schnell in Geschäfte verwickeln.

Die Auslage eines Stands auf dem Voodoomarkt mit abgetrenntem Löwenkopf, Fellen, Hörnern und Schädeln diverser Tiere.

Togolesen selbst suchen aus den unterschiedlichsten Motiven heraus einen Fetischmeister auf. Sie suchen im Voodoo zum Beispiel den Schutz für ihre Ernte oder für eine Reise, die Aufklärung eines Verbrechens, beruflichen Erfolg, Liebe oder Gesundheit. Mir war der Voodoo immer sehr unheimlich und fremd.

Im Dezember beantragte ein Voodoomeister aus Nigeria in Togo Asyl. In Benin und Ghana wurde er polizeilich gesucht, in Togo duldete man ihn hingegen. Angeblich gehört der togoische Präsident Faure Gnassingbe derselben Sekte an wie er. Seitdem dieser nigerianische Fetischmeister nun in Togo ist, sind angeblich schon mehrere Menschen, vor allem junge Mädchen, getötet worden. Sein „Esprit“ fragt nach Menschenblut, hieß es. Grusel!

Hugo, einer der Mitarbeiter bei Campagne des Femmes, erzählte einmal, dass es besonders in der Vergangenheit immer wieder vorkam, dass die

Polizei bei Fahrzeugkontrollen abgetrennte menschliche Gliedmaßen in Kofferräumen fand. Und ohne Personalien als Verletzter in ein Krankenhaus zu kommen, war riskant. Denn es konnte angeblich passieren, dass einem von den Krankenschwestern einfach alles Blut abgenommen wurde, welches diese dann an einen Voodoomeister verkauften. Wie viel Wahrheitsgehalt diese Geschichten haben oder ob Hugo uns Freiwilligen nur ein wenig Angst einjagen wollte... Wer weiß?

Von Lomé aus ging es für Martina und mich Richtung Osten weiter nach Agbodrafo. In diesem Küstenort nahe der Grenze zu Benin war bis zur ersten Hälfte des 19. Jahrhunderts ein Sklavenhaus in Betrieb gewesen. Selbst nach der offiziellen Abschaffung des Sklavenhandels betrieb man es illegal weiter. Die Möbelstücke in dem Haus sind original aus der damaligen Zeit. Das Haus war eine Art Zwischenlager für die versklavten Menschen und ist komplett unterkellert. In dem etwa 1m hohen, dunklen Kellerverlies hockten bis zu 200 Menschen gleichzeitig unter den Dielen, bis sie für den Transport nach Amerika, Brasilien oder Haiti auf Schiffe gebracht wurden. Viele der Menschen verstarben bereits vor der Verfrachtung oder auf der mehrmonatigen Schiffsreise. Besucher können heute selbst durch die Bodenklappe im Salon des Hauses in das Kellerverlies hinabsteigen. Martina und ich machten diese beklemmende Erfahrung und stiegen auf der kurzen Holzleiter unter die Dielen des Hauses.

Der Eingang zum Sklavenhaus in Agbodrafo.

Nach der Besichtigung des Hauses überquerten wir auf einem kleinen Boot den Lac Togo. Gemütlich schaukelten wir auf dem seichten Wasser dahin und beobachteten die Fischer bei ihrer Arbeit. Am anderen Ufer liegt Togoville. In diesem Dorf wurde 1884 der Vertrag zwischen Gustav Nachtigall und dem togoischen König unterzeichnet, der Togo offiziell zum deutschen Protektorat erklärte und die Kolonialzeit Togos einläutete. Die Stadt ist aber nicht nur ein historischer Ort, sondern auch ein Voodoozentrum. Es wimmelt in Togoville nur so von Voodooskulpturen und heiligen Orten, wie zum Beispiel dem Zwillingsbaum. Schwangere Frauen gebären angeblich Zwillinge, wenn sie an diesem Ort einen Voodoo praktizieren.

Der Zwillingsbaum in Togoville.

Unsere nächste Station war Atakpamé. Dort schauten wir uns einen völlig verrückten, weil lebensgefährlichen, Stelzentanz an. Seinen Ursprung hat dieser Tanz in einem Jagdmythos. Ein Jäger soll auf der Jagd einmal einem Geist begegnet sein, der auf meterlangen Beinen auf ihn zu schritt und ihm Glück bei der Jagd brachte. Seitdem veranstaltet man ihm zum Dank diesen Tanz. Da waren wir also nun, saßen auf einer kleinen Holzbank vor einem großen Platz und warteten. Drei junge, maskierte Togolesen stiegen in Bäume, die neben dem Platz wuchsen. So konnten ihre Helfer ihnen die Stelzen an den Unterschenkeln festbinden. Die Stelzen waren nicht weniger als zwei bis drei Meter hoch und in unseren Augen mörderisch gefährlich. Dann begann die Vorführung. Die Artisten sprangen, hüpften und klapperten mit den Stelzen. Es gab akrobatische Figuren, die extrem waghalsig auf uns wirkten. Manchmal gerieten die Männer absichtlich ins Taumeln und Schwanken, um die Show noch spannender zu machen. Der Boden, auf dem die Vorführung stattfand, war zudem sehr uneben und Martina und ich rechneten jeden Moment damit, dass sich jemand verletzte – was an diesem Tag glücklicherweise nicht passierte.

Ein wagemutiger Stelzentänzer.

Von Atakpamé aus ging es für uns weiter in den Norden, nach Sokodé. Hier waren wir in einer Weberei zu Gast und durften uns selbst probeweise an den Webstuhl setzen. Im dazugehörigen Laden konnte man sich dann gleich auch eine Decke oder eine Bahn des traditionellen gewebten Stoffes kaufen. Martina erwarb einen gestreiften Schal und ich eine mit Goldfäden durchzogene Überdecke für mein Bett.

Noch weiter im Norden Togos, in Kara, unternahmen wir eine kleine Safari im Sarakawa-Nationalpark. Auf 1500 ha kreuzten dort Antilopen, Zebras, Büffel, Strauße, Affen, Krokodile und Schildkröten unseren Weg. Der Park ist für einen Nationalpark zwar vergleichsweise klein und die Büffel, Schildkröten und Strauße leben in Gehegen, aber so bekommt man die Tiere auch garantiert zu sehen. Die übrigen Tiere bewegten sich frei auf dem großen Gelände. Sie in ihrer natürlichen Umgebung zu beobachten, war einfach toll!

Antilopen im Sarakawa-Nationalpark.

Noch weiter nördlich veränderte sich die Landschaft stark und die Savannenregion begann. Dort sahen wir in einem kleinen Dorf die traditionelle Bauweise der Tamberma. Die Dörfer in diesem Teil Togos sind ein Weltkulturerbe der

UNESCO. Holz, Lehm, Sand und Palmenblätter – daraus ergibt sich schon ein Haus. Die Menschen leben in dieser Region sehr eng mit ihren Tieren zusammen. Die Kuh- und Hühnerställe sind in den Wohnraum integriert. Im Grunde handelte es sich bei so einem Wohnhaus um so etwas wie eine Farmfestung. Im Erdgeschoss waren die Rinder untergebracht. Zudem wurde hier der Reis geschält. Auf dem Dach des Hauses gab es reichlich Platz, um Maiskörner in der Sonne zu trocknen. Außerdem waren hier mehrere kleine Speicher, ein Platz zum Waschen, Hühnerställe und die Schlafräume. Alles ist funktional auf sehr engem Raum angeordnet. Türen gibt es nicht, man muss durch eine runde Öffnung in den Schlafraum kriechen und kann sich dort auch nur gebückt bewegen. Und auch die Hauseingänge sind besonders, denn die Häuser lassen sich zum Teil nur mit Hilfe einer Leiter betreten. In der Vergangenheit konnten sich die Menschen durch den Dacheingang sehr gut mit Pfeil und Bogen gegen Angreifer verteidigen.

Ein traditionelles Tamberma-Haus.

Nur rückwärts kommt man in diesen Schlafraum hinein. Auf dem Dach wird Mais getrocknet.

Unsere Unterkunft, die wunderbare „Auberge Tihita“, war ebenfalls an diesen Baustil angelehnt. Es gab kein fließendes Wasser und keine Elektrizität, sondern nur Natur weit und breit.

Nirgendwo sonst in Togo war es so ruhig und friedvoll wie hier. Abends bereitete uns der Wirt ein Perlhuhn zu. Was war das köstlich! Es war so gut gewürzt und definitiv unsere beste Mahlzeit in Togo! Im Schein einer Petroleumleuchte und des Mondes spielten Martina, Jerôme und ich unter freiem Himmel noch eine Partie Karten. Noch heller als die Petroleumlampe leuchteten nur die Sterne und der Mond über uns. Niemals zuvor habe ich so einen atemberaubenden Sternenhimmel gesehen wie hier. Weil es nachts kaum künstliche Lichtquellen und damit keine Lichtverschmutzung gibt, verklären diese auch nicht den Blick auf das Sternenzelt. Über uns wölbte sich ein schwarzer Himmel, an dem es tausendfach funkelte und glitzerte. Man konnte sogar die Milchstraße sehen.

An diesem Punkt der Reise machten wir kehrt und bewegten uns wieder in Richtung Süden. In Nangbeto erfüllte sich unsere Hoffnung, Nilpferde in freier Natur zu sehen, leider nicht. Lange hielten wir an dem dortigen Stausee erfolglos Ausschau nach ihnen.

Dafür erlebten wir in Badou den größten und wohl auch schönsten Wasserfall Togos. Nach einer halbstündigen Wanderung auf einem Dschungelpfad, bei der ich mir das Knie aufschlug, tat er sich vor uns auf. Das Bad im Wasserbecken war nach dem anstrengenden Weg eine willkommene Erfrischung. Interessanterweise wehte dort ein unglaublich starker Wind und es war sehr frisch. Eigentlich war es zu kalt zum Schwimmen, aber Martina und ich sahen nicht ein, uns davon abhalten zu lassen.

Von Badou ging es dann nach Kpalimé. Unterbrochen wurde die Rückfahrt durch eine Reifenpanne, der Jerôme jedoch schnell Herr wurde.

Martina und ich verlebten eine tolle Reise und sahen viele interessante Dinge. Dennoch war die

Reise anstrengend und strapazenreich. Die Straßen waren zum Teil sehr schlecht, oft nicht asphaltiert, voller Schlaglöcher und staubig. Der Staub setzte sich überall fest, Schlafen während der Fahrt ist durch das heftige Geruckel im Wagen kaum möglich und die Reisegeschwindigkeit ist extrem langsam. Für eine Strecke von 100 Kilometern ist man durchaus schon mal 5 Stunden unterwegs.

Essen muss der Mensch

Das Beste, was es aus meiner Sicht in Togo zu Essen gab, waren die vielen tropischen Früchte. In Togo gedeihen Pampelmusen, Guaven, Orangen, Mandarinen, Maracujas, Ananas, Avocados, Papayas, Mangos, Kokosnüsse und einige Früchte, deren Namen ich nicht kenne. Eine Frucht ist köstlicher als die andere und meist viel süßer als die importierten Früchte, die man in

Deutschland bekommt. Abgesehen von den köstlichen Früchten ist die togoische Küche jedoch eher einseitig und hat kulinarisch nicht viel zu bieten. Das Essen besteht fast nur aus Kohlenhydraten. Das oberste Ziel ist es eben, satt zu werden. Im Grunde ist das ja auch der Sinn von Ernährung, aber wenn man die Geschmackserlebnisse des Westens kennt, kann man sich nur schlecht daran gewöhnen, ein solches Verhältnis zum Essen zu haben.

In Togo essen diejenigen, die es sich leisten können, drei Mahlzeiten am Tag. Zum Frühstück gibt es einen heißen Brei auf der Basis von Maismehl, den die Einheimischen „Bouille" nennen und der scharf oder süß sein kann. Er wird in Plastiktüten am Straßenrand verkauft. Dazu kann man „Gateaux" essen, frittierte herzhafte oder süße Teigbällchen, die mich an unsere deutschen Krapfen erinnerten. Für uns Freiwillige gab es jeden Morgen hingegen Baguettebrot mit Konfitüre oder Erdnussbutter und einem aus Frankreich importierten Schmelzkäse.

„Bouille“ aus der Plastiktüte.

Mittags und abends wird in Togo ebenfalls warm gegessen. Die wichtigsten Grundlagen für die Küche sind Mais, Yams und Maniok. Yams und Maniok sind große Knollengemüse, die mit der

Kartoffel vergleichbar sind. Und auch die Zubereitung erinnert an die Kartoffel. Die Wurzeln werden gekocht, frittiert oder gestampft. Das Nationalgericht der Togolesen ist Fufu, ein fester Kloß, der aus Yams oder Maniok gestampft wird und, wie alles andere auch, mit der Hand gegessen wird. Dazu reicht man eine klare Soße, in die man den Fufu tunkt. Die Soße ist es, die den Geschmack und die Schärfe in das Essen bringt. Fufu avancierte im Laufe der Zeit zu meinem togoischen Lieblingsessen. Besonders in Kombination mit Erdnusssauce schmeckt das herrlich. Und Nyedzi kocht sicherlich die beste Erdnusssauce Togos. Wenn wir bei ihm in Sokodé Fufu machten, übernahm er glücklicherweise das Stampfen. Denn Fufu zu stampfen ist wirklich eine Kraftarbeit. Mit beiden Händen hält man den schweren „Pilon“, den Stampfer. Die gekochte Yamswurzel gibt man in ein massives Holzbehältnis, das auf dem Boden steht. Es wird solange darin gestampft, bis ein fester Breiklumpen entsteht. Beigemengt wird lediglich

Wasser.

Fufu mit Soße und Fleisch.

Drei Frauen bereiten gemeinsam Fufu zu.

Der Mais wird meistens in Form von Maismehl verarbeitet. Pate, ein fester Brei aus dem Mehl, isst man eben so häufig wie Fufu. Auch hier ist es die Soße, welche den Geschmack ausmacht. An Pate, das Lieblingsessen von Nyedzi, fand ich während der gesamten Zeit in Togo keinen Gefallen. Die beliebteste Sauce, die man zu Pate reicht heißt „Adema“. Das Gemüse, was darin enthalten ist, schmeckt ähnlich wie Spinat und zieht schleimige Fäden nach sich. Zuerst dachten wir Freiwilligen, dass in der Sauce rohes Ei wäre, aber das Schleimige stammte tatsächlich nur von dem grünen Blattgemüse. Pfui!

Nudeln, Couscous und Reis isst man in Togo ebenfalls gerne. Diese Lebensmittel werden allerdings weniger in den traditionellen Familien gegessen, da es sich meistens um importierte Produkte handelt. Reis baut man in Togo zwar an, er wird aber auch in großen Mengen aus Asien importiert. Zu diesen Gerichten gibt es in den meisten Fällen eine mehr oder weniger scharfe Tomatensoße. Die Tomaten kommen in Form von Mark aus der Dose. Frisches Gemüse wird in der Küche leider oft vernachlässigt. Manchmal befindet sich in der Soße etwas Kohl oder Möhren, aber viel mehr nicht. Was in keiner Soße dagegen fehlt, sind Brühwürfel und frische Chili.

Im Allgemeinen wird in Togo scharf gekocht und die Menschen essen mit den Händen. Die Soßen werden gelegentlich mit Ei, Fleisch, Soja oder Fisch angereichert. Die Eier stammen von gewöhnlichen Hühnern oder von Perlhühnern. Interessanterweise ist die Schale der Perlhuhneier viel, viel härter als die von Hühnereiern und man muss sie heftig aufschlagen, um sie zu öffnen. Zudem hat ein Perlhuhnei mehr Dotter und weniger Eiweiß.

Eine große Perlhuhnfamilie an der Wassertränke.

Bei dem Verzehr von frischem Gemüse muss man als Europäer vorsichtig sein. Den Grundsatz „schäl es, koch es oder vergiss es“, den man in vielen Reiseratgebern über tropische Länder lesen kann, sollte man beherzigen. Sonst riskiert man es, Wurmeier oder Krankheitserreger mit der Nahrung aufzunehmen. Ich habe mich nicht immer an diese Regel gehalten und mir wahrscheinlich deswegen wiederholt Darmparasiten zugezogen. Einmal bin ich wegen Fieber und Verdauungsproblemen zum Arzt gegangen. Ich sollte eine Stuhlprobe abgeben. Kurze Zeit später eröffnete der Arzt mir in seinem Behandlungszimmer, dass ich „Kiste“ hätte. Das sagte mir überhaupt nichts. Ich fragte den Arzt, was das denn sein soll. Das sei etwas schwierig zu erklären, meinte er. Am Ende sagte er, das seien im Prinzip Wurmeier. Damit konnte ich leben. Er verschrieb mir ein Mittel und bald hatte ich die Sache schon wieder vergessen.

Einige Wochen danach unterrichtete einer der Lehrer aus dem Colège, in dem ich eingesetzt war, Kossi, Biologie in der Klasse. Er brachte den Schülern etwas über Darmparasiten bei. Mir wurde ein wenig anders, als ich ihn mit erhobenem Zeigefinger Folgendes zu den

Schülern sagen hörte: „Die schlimmsten Plagen Afrikas sind die Hitze, die Malaria und die Würmer! Viele Leute haben Würmer im Darm. Aber wenn es dann eines Tages zu viele werden, dann bilden sich die „Kiste". Und stellt euch vor, in nur einer einzigen „Kiste" befinden sich 1000 bis 1500 Würmer!" Darüber, dass niemand in diesem Moment meinen Gesichtsausdruck sehen konnte, war ich ziemlich froh.

Bei dem Fisch, den man in Togo isst, handelt es sich meistens um gesalzenen Trockenfisch oder Sardinen und Makrelen aus der Konservendose. Was das Fleisch angeht, essen die Togolesen nahezu alles. Angefangen bei Schweinen, Rindern, Ziegen, Antilopen und Hühnern über Schnecken, Buschratten, Hunde, Katzen, Frösche und Schlangen. Alles, was tierisches Eiweiß liefert, wird gegessen. Nur Pythons werden nicht verspeist – die gelten als heilig.

Ein Marktstand in Kpalimé, auf dem getrockneter Fisch und Palmöl angeboten werden.

Es gab in der Nähe von Atakpamé bis vor Kurzem wohl auch noch wild lebende Nilpferde, aber leider hat man sie mittlerweile fast alle getötet. Die Menschen sind eben häufig sehr arm. Was bleibt ihnen auch anderes übrig? Togo gehört zu den ärmsten Ländern unserer Welt. Das Pro-Kopf-Bruttoinlandsprodukt liegt bei etwa 280 Euro jährlich. Zum Vergleich: In Deutschland liegt es bei circa 33.340 Euro pro Jahr. Togo besitzt Phosphorvorkommen, einen Industriehafen, eine Großbrauerei und zwei Telekommunikationsunternehmen. Ansonsten gibt es neben der Landwirtschaft nicht viele Wirtschaftszweige in Togo. Das Land ist abhängig von Geld und Wissen aus dem Ausland. Die Nutzungsrechte für den Hafen sollen für die nächsten Hundert Jahre an China gegangen sein. Im Gegenzug baut die chinesische Regierung Straßen in Togo.

Ich wollte in Togo auch einmal Schlangenfleisch probieren, aber das hat sich nicht mehr ergeben. Immer wieder sind mir in Togo allerdings Schlangen begegnet. Am Abend war es in Togo verboten zu pfeifen, weil das die mitunter hochgiftigen Tiere anlockt. An Sylvester waren

Nyedzi und ich in Atakpamé auf einer Geburtstagsfeier, auf der es zu einer Panik kam, weil eine Schlange zur Tür herein kroch. Das war ein tödlicher Fehler ihrerseits. Mithilfe von Stöcken und Besenstielen erledigten ein paar Jungs sie schnell.

In Togo gibt es grüne Mambas, die zu den giftigsten Schlangen überhaupt zählen. Einmal haben wir ein totes Exemplar in einem Wasserspeicher gefunden. Aber auch in der freien Natur begegnen einem Schlangen. Während einer Wanderung zum Mont Agou schlängelte sich einmal ein Tier am Wegesrand entlang. Obwohl ich große Angst vor der Schlange hatte, schien ihre Angst größer zu sein, denn – im Gegensatz zu mir – flüchtete sie sich in das Unterholz.

In dem Dorf Agbetehe haben Xenia und ich einmal eine Begegnung mit einer Python. Ein Mann aus dem Dorf hatte die Schlange gefangen und in einen Sack gesteckt. Stolz erzählte er uns von seinem Fang und führte uns das Tier vor. Er würde Medizin aus ihr machen oder sie an einen Gerber verkaufen, sagte er. Dieses Schicksal wollten wir der armen Schlange ersparen und erstanden die Python für 2.000 CFA, umgerechnet etwa 3 Euro. Davon, dass die Schlange in Togo heilig sein soll, war zumindest in diesem Dorf nichts zu spüren. Wir kauften die Schlange im Sack und nahmen sie mit nach Kpalimé. Nachdem wir sie genügend betrachtet und gestreichelt hatten, brachten wir sie zu meiner Gastfamilie.

Es war das erste Mal, dass die Kinder so nah an eine Schlange kamen. Sie kreischten vor Angst, als sie das Tier erblickten. Anfassen wollten sie die Schlange lieber nicht. Sie waren ent- und Raphael begeistert. Erstmals in seinem Leben trug er eine Schlange um den Hals. Am liebsten hätte Raphael die Python behalten, sagte er mir am nächsten Morgen. Und auch Lucie machte sich schon Gedanken darüber, was man so einer Schlange eigentlich alles zu fressen geben kann. Diese Überlegungen fanden aber schnell ihr Ende, denn die Python schlängelte sich bereits wieder durch den togoischen Busch. Xenia hatte sie noch am ersten Abend wieder frei gelassen. Sie war zusammen mit Wedi, ihrem togoischen Freund, auf seinem Motorrad aus Kpalimé herausgefahren und hatte das Tier in einen großen Busch geworfen.

Fledermäuse, die in Togo wesentlich größer sind als in Deutschland, stehen auch auf der Speisekarte. Es gibt nur ein einziges Dorf, in dem niemand eine Fledermaus jagen würde. Davon handelt eine Geschichte, die man sich noch heute erzählt. Das Dorf lag weit im Westen, sehr nahe an der Grenze zu Ghana. In der Vergangenheit gab es eine kriegerische Auseinandersetzung zwischen den Bewohnern des kleinen Dorfes und einer Ethnie aus Ghana, den Ashanti. Eines Tages wurde das togoische Dorf von den ghanaischen Kriegern überfallen. Die Dorfbewohner sahen den Feind jedoch frühzeitig kommen. Der Dorfälteste befahl, dass sie sich allesamt in einer großen Höhle verstecken sollten. Diese Höhle war von den Fledermäusen besiedelt. Die Dorfbewohner drängten sich in das dunkle Loch. Dabei schreckten sie die Tiere natürlich auf. Die Fledermäuse flogen wild umher. Als sie sich beruhigten und wieder landeten, sahen die Menschen, welches Glück sie hatten. Die Fledermäuse verdeckten durch ihre tausenden kleinen Körper, die sich zu einer einzigen Traube formten, den Höhleneingang. Der Feind fand indes ein leeres Dorf vor. Zwar durchkämmten die Krieger auch das umliegende Gelände, aber niemand entdeckte den Eingang der Höhle. So kam es, dass in diesem Dorf bis heute aus Dankbarkeit für diesen Tag keine Fledermäuse gegessen werden. Die besagte Fledermaushöhle kann man heute besichtigen.

Es gibt in Togo verschiedene Palmenarten. Die Kokos- und die Ölpalmen sind am weitesten verbreitet. Aus den orangeroten Früchten der Ölpalme wird das rote Palmöl gewonnen, das in der Küche eingesetzt wird. Aber auch Togos

Spezialitäten in Sachen Getränke – Palmwein und Palmschnaps –lassen sich durch die Palme gewinnen. Um Palmwein und Palmschnaps herzustellen, wird die Ölpalme gefällt. Dann schlägt man eine Kerbe in den Stamm und platziert einen Kanister in einem Erdloch unter der Kerbe. Dort hinein ergießt sich literweise der Palmsaft. Diesen trinkt man sofort oder lässt ihn in Fässern zu süßem Palmwein gären. Wenn man den Palmwein wiederum destilliert, ergibt sich Sodabi, der hochprozentige Palmschnaps, den man auch als Togo-Gin bezeichnet. Sodabi zu konsumieren ist natürlich nicht empfehlenswert. Niemand kann sagen, wie viel Alkohol sich in dem Destillat befindet und ob sich nicht sogar Methanol gebildet hat. Es gibt Erzählungen, denen zufolge ganze Hochzeitsgesellschaften nach dem Konsum von Sodabi erblindet seien.

Herstellung von hochprozentigem Sodabi, dem „Togo-Gin“.

Viele Togolesen nehmen einen Sodabi gerne als Aperitif zu sich. Nyedzi hatte sich das auch angewöhnt. Da ihm nicht gefiel, dass ich gelegentlich rauchte, schlug ich ihm einen Handel vor. Er verzichtet auf den Schnaps und ich lasse das Rauchen sein. Er war damit einverstanden und jetzt leben wir beide gesünder. Wobei ich unterm Strich den besseren Deal machte.

Im Grunde gab es in Togo daher alles, was es zum Leben braucht. Auf die Luxusgüter unserer Gesellschaft, wie Kino, Theater, ein großes Sportangebot, raffinierte Gerichte und eine große Auswahl an Lebensmittel muss man allerdings verzichten. Umso mehr wird einem in Togo klar, wie sehr unser Alltag in Deutschland auf dem Konsum aufbaut. Aber wir Freiwilligen waren ja schließlich auch ein Teil dieses Konsumsystems und unterhielten uns ständig über Essen und schwärmten von den Dingen, die es in deutschen Supermärkten zu kaufen gibt. Für das togoische Essen erfanden wir Bezeichnungen wie Schleim, Sterne, Beton oder Sägespäne. Wenn es bei dem einen zuhause wieder Bohnen mit Sägespänen oder bei dem anderen Beton mit Soße zu essen gab, bemitleideten wir uns gegenseitig. Als wir in

Kpalimé ein belgisches Restaurant, das „le bon vivant“, entdeckten, waren wir heilfroh. Dort gab es Pommes Frites, Hamburger, Salat, Pizza, Erbsensuppe und sogar Gerichte wie Boeuf Stroganoff. Immer, wenn es etwas zu feiern gab, trafen wir uns dort, um uns den Bauch voll zu schlagen.
Der belgische Gastwirt war eine höchst skurrile Figur. Er war klein, wog geschätzte 140 Kilogramm und hatte mehr Haut als Haare auf dem Kopf. Sein Blick war grimmig und mit seiner weißen Katze ging er alles andere als freundlich um. Einmal warf er sie regelrecht durch das Lokal. Auf das belgische Bier, das es bei ihm zu Trinken gab, uns aber in der Regel zu teuer war, war er sehr stolz. Zusammen mit seiner Mutter war er nach Togo gekommen und hatten gemeinsam das Lokal eröffnet. Heute ist er mit einer Togolesin verheiratet und hat eine Tochter mit ihr. In Belgien sei er DJ gewesen und habe bei der Loveparade aufgelegt, erzählte er uns einmal. Ich blieb ihm gegenüber misstrauisch und konnte mich dem

Verdacht, dass er sich ins Ausland absetzte, weil er vielleicht wegen Drogendelikten in Belgien gesucht wurde, nicht erwehren.

Überhaupt waren die Leute, welche dauerhaft in Togo lebten, die nicht für eine Hilfsorganisation oder ein Krankenhaus arbeiteten und die ich kennenlernte, seltsam. Mindestens zwei von ihnen waren Alkoholiker und konsumierten Drogen. Ein Dritter redete davon, dass er eigentlich nach Italien zurück möchte, ihm aber das Geld ausgegangen sei. Dabei ist er mit einer togoischen Frau verheiratet und gründete mit ihr eine Familie in Togo. Jetzt könne er es sich nicht mal mehr leisten, sein Visum alle drei Monate zu verlängern. Manchmal sah ich ihn mit einer Flasche Bier in einer der vielen Bars Kpalimés sitzen.

Ein Däne, der ein Gasthaus in Togo eröffnen wollte, machte mir gegenüber immer wieder komische Andeutungen. Er witzelte über LSD,

Kokain oder Marihuana. Wäre ich darauf eingestiegen, hätte er mir vielleicht seinen privaten Vorrat gezeigt. Außerdem hörte ich Geschichten über einen reichen Italiener, der zurückgezogen in Lomé lebt, einen großen Pool besaß und wunderbar italienisch kochen konnte. Was wollten diese Leute in Togo? Einer Arbeit schienen sie nicht nachzugehen. Bald erschien Togo mir wie eine kleine unbekannte Insel, an deren Ufer Kriminelle und Mafiosi aus ganz Europa strandeten.

In Togos Nachbarland

Im März 2014 kam meine Freundin Marie zu Besuch. Wir sind seit der Schulzeit Freundinnen. Marie ist Dozentin für Altenpflege und besitzt einen einzigartigen trockenen Humor. Zusammen mit Nyedzi und seinem Bruder Roger, den wir als Fahrer engagierten, reisten wir zusammen nach Benin. Roger hatte als Kind Polio gehabt und ein steifes Bein davon zurückbehalten. Mithilfe einer Krücke kann er heute aber ganz gut gehen. Die Reise begann unglücklicherweise mit einer Panne von Rogers Wagen, so dass wir Marie mit dem Taxi vom Flughafen abholen mussten.

Die ersten zwei Nächte verbrachten wir in Lomé am „COCO-Beach chez Antoine“, einer idyllischen Herberge direkt an einem wunderschönen Sandstrand. Wir überbrückten so die Zeit, in der wir auf unser Visum für Benin warteten. In kleinen Hütten mit Palmdach, die auf dem Sand errichtet wurden, nächtigt man hier für nur 5 Euro pro Nacht. Nachts hörten wir in unseren Betten die Wellen und den Wind in den Blättern der Kokospalmen rauschen. Ein Traum!

Für weniger als 1 Euro Eintritt kann man auch als Nicht-Gast den privaten Strand des COCO-Beachs besuchen oder im Restaurant essen. Das haben wir Freiwilligen, wenn wir in Lomé waren, häufig gemacht. Aber leider konnten wir überhaupt nicht im Meer baden. Die Wellen waren so stark, dass sie einen sofort umwarfen, sobald man tiefer als bis zu den Unterschenkeln ins Wasser ging. Es ist aber ohnehin nicht empfehlenswert, hier zu schwimmen, da die Strömungen des Golf von Guinea unberechenbar sind und schon viele Menschen, die das Risiko unterschätzten, hier ertrunken sind.

Der Blick vom COCO-Beach auf das Meer.

Die öffentlichen Strände sind im Gegensatz zu privaten Anlagen, wie dem COCO Beach, zum Baden und Entspannen nicht zu empfehlen. Sie werden häufig als Toiletten benutzt und sind daher völlig verschmutzt. Spaziert man gemütlich am

Strand entlang, ist es oft nur eine Frage der Zeit, bis man Menschen in der Hocke sieht.

Als unser Wagen wieder einsatzfähig war und wir unsere Visa für Benin in der Tasche hatten, fuhren Marie, Nyedzi, Roger und ich gen Osten. Bald überquerten wird die Grenze zu Benin. An der Grenze sollten wir neben unserem Reisepass auch unseren Impfpass vorzeigen. Ausgerechnet den hatte ich natürlich nicht bei mir! Oh, Schreck! Gegen einen kleinen Aufpreis war dieses Problem aber schnell gelöst.

In Benin erfuhren wir noch mehr über die düstere Sklavengeschichte Westafrikas. An Benins Küste befand sich einer der 5 großen Sklavenhäfen Afrikas. Hier verschifften skrupellose Sklavenhändler Tausende von Menschen. Bei den Sklaven handelte es sich vor allem um Kriegsgefangene und zur Sklaverei Verurteilte. Unter ihnen befanden sich aber auch Frauen, Männer und Kinder, die einfach aus ihren Dörfern entführt worden waren.

Von dem einst mächtigen Hafen ist heute nichts mehr zu erkennen. Heute bietet sich den Besuchern ein idyllisches Bild. Der Strand ist breit und mit feinem Sand bedeckt. Sanft bewegen sich die unzähligen Palmen im Wind. Dass hier Grauenhaftes passiert sein soll, lässt sich schwer vorstellen.

Der damalige Hafen trug den Beinamen Hafen der „Non-Retour", was soviel bedeutet wie „Hafen ohne Wiederkehr". Wenn die versklavten Menschen den zwei Kilometer langen Fußweg aus ihrem Lager an den Hafen hinter sich gebracht hatten und die Weite des Ozeans erblickten, wussten sie eines ganz sicher: Sie würden ihre Heimat niemals wiedersehen. Unser Reiseführer, den wir an Ort und Stelle für eine Führung buchten, erzählte, dass die Gefangenen manchmal versuchten, sich noch vor dem Transport das Leben zu nehmen. Sie wühlten sich mit dem Gesicht in den hellen Sandboden, um sich auf diese Weise zu ersticken. Wem dies nicht gelang, der wurde ebenso wie die anderen auf Beiboote geladen, die sie zu den großen Segelschiffen brachten. Welche Ängste diese Menschen ausgehalten haben müssen. Manche stürzten sich von den Booten ins Meer. Da die Menschen jeweils zu fünft aneinander gekettet waren, rissen sie dabei auch andere mit in den Tod.

Am besagten Strand in Ouidah steht heute ein riesiges Mahnmal in Form eines Tores. Durch dieses Tor sollen die Seelen der Toten wieder in ihre Heimat zurückkehren können.

Das Mahnmal des „Hafens ohne Wiederkehr“ in Ouidah.

Gleichzeitig mit uns besuchte ein Kardinal aus Rom die Gedenkstätte. Mitsamt seiner Gefolgschaft erregte er einiges Aufsehen. Einer seiner Assistenten, Sicherheitsleute oder was auch immer, kam auf uns zu und wechselte ein paar Worte mit unserem Touristenführer. Der entschuldigte sich daraufhin knapp bei uns und eilte Richtung Kardinal. Wir blickten uns verdutzt an. Die katholische Kirche hatte uns den Reiseführer weggeschnappt!

Wer sich für die Sklavengeschichte interessiert, dem empfehle ich das Buch „Roots“ von Alex Haley. Der Autor arbeitet darin seine Familiengeschichte auf und zeichnet das Leben des in Gambia geborenen Kunta Kinte nach. Ein beeindruckender und absolut schonungsloser Roman, der in den siebziger Jahren erschien und später Vorlage für eine Fernsehserie war.

Am darauffolgenden Morgen mussten wir dann mit Nyedzi ins Krankenhaus. Er wollte uns zwar das Gegenteil weis machen, war aber sichtlich krank. Es stellte sich schnell heraus, dass er Malaria hatte. Man hängte ihn erstmal an den Tropf. Nyedzi ging es nach den Infusionen schnell besser und wir konnten die Reise fortsetzen.

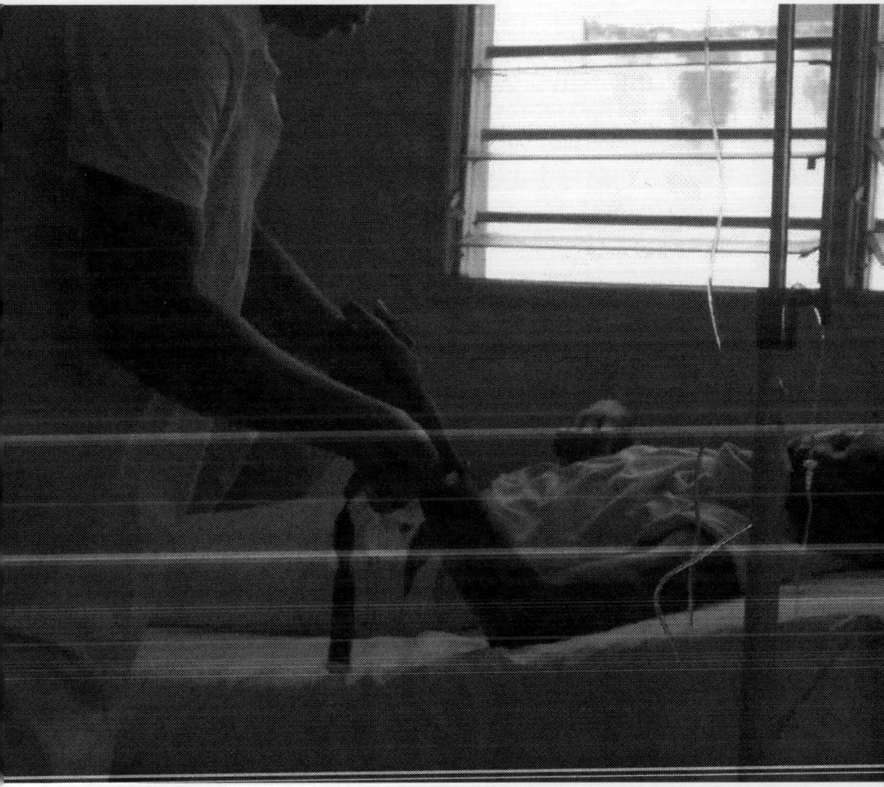

Nyedzi ist krank und muss versorgt werden.

Marie und mir hängte man kurze Zeit später im Tempel der Pythons eine Schlange um den Hals. Die war angenehm kühl. Die Python ist in Benin, genau wie in Togo, heilig. Einmal sahen wir eine riesige Python mitten auf einer Straße, die nach Aussage der Umherstehenden „spazieren ging“. Überfährt man aus Versehen eines der heiligen Tiere, muss man es ehrwürdig begraben.

Eine Python „geht spazieren“.

In Ganvie schipperten wir auf einem Boot durch das größte schwimmende Dorf Afrikas – wobei das Dorf natürlich nur teilweise schwimmt, da die Häuser auf Pfählen errichtet wurden – und bestaunten die Art, wie man hier den Fisch fängt. Die Menschen legen quadratische Bassins im See an. Diese Becken begrenzen sie mit Pflanzen. Das gefällt den Fischen und sie siedeln sich in den Bassins an. Erst dann schließt man die Quader durch ein Netz. Nach und nach werden die Becken dann verkleinert und die Menschen können die Fische leicht fangen. Diese Prozedur braucht natürlich seine Zeit. Um ihre Fische währenddessen zu bewachen, übernachten viele Fischer in kleinen Pfahlhütten auf dem See.

Unser motorisiertes Bötchen wurde von einem Reiseführer gesteuert. Er hatte zwei orangefarbene Schwimmwesten an Bord und wollte, dass Marie und ich sie tragen. Und dass, obwohl Nyedzi und Roger diejenigen waren, die nicht schwimmen konnten. Als wir wieder festen Boden unter den Füßen hatten, gaben die beiden zu, dass ihnen bei der Bootsfahrt ziemlich mulmig gewesen war. Nach Vorschrift müssen aber nur den Weißen Schwimmwesten gegeben werden. Wie absurd! Ich weigerte mich, die Weste zu tragen. Das brachte den armen Mann ins Schwitzen, denn er hatte im Falle einer Kontrolle Ärger zu befürchten. Zur Belustigung der anderen Bootsinsassen blieb ich in der Frage aber stur.

Noch eine ganze Weile schipperten wir durch das trübe Wasser bis wir ein Dorf erreichten. Mitten im Wasser stehen hier die hölzernen Bauten, in denen die Bewohner leben. Auf dicken Pfählen ruhen ihre einstöckigen Häuser. Manchmal gibt es sogar ein Stück Grünfläche mit einer Ziege oder ein paar Hühnern. Ob es Toiletten in den Häusern gäbe, fragte Marie den Reiseführer. Der sagte, das kleine Geschäft lande im Wasser. Für alles andere würden die Menschen an Land fahren, wo es eine Toilette gäbe. Unser Bootsmann steuerte noch einen schwimmenden Laden an, in dem es Kunst und Souvenirs zu kaufen gab, bevor er uns wieder an unserem Startpunkt absetzte.

Ganvie, das auf Pfählen im Wasser errichtete Dorf.

Roger chauffierte uns weiter Richtung Norden. Wir

besichtigten eines der Weltkulturerbschaften Benins, eine königliche Palastanlage aus dem 19. Jahrhundert. Der Palast war aus Lehm erbaut und erstreckte sich über ein weites Gelände. Rau ging es damals zu. Krieg gehörte zum Alltag in diesem Königreich. Der Lehm der Außenwände war zum Teil mit Blut eingefärbt. Der König besaß ein ganz besonderes Heer. Tapfere Amazonen kämpften für ihren Gebieter. Bevor sie in die Schlachten zogen, machten sie eine Ansage, wie viele feindliche Köpfe sie zurückbringen würden. Kamen sie mit weniger Trophäen, war ihr Kopf der nächste, der rollte. Der Henker schlug mit nur einem Hieb die Köpfe von ihren Schultern. Aber auch er war einem hohen Druck ausgesetzt. Gelang ihm der Hieb nicht, wurde ihm der eigene Kopf abgeschlagen.

Auf einem Innenhof des Palastes stand inmitten des hellen Sonnenlichtes ein Haus: Die Grabkammer des Königs. Als er starb, gingen seine vielen Ehefrauen mit ihm in den Tod. Sie ließen sich mit seinem Leichnam in dem Haus einmauern.

Unsere Reise ging weiter. Hoch im Norden Benins betraten wir über knorrige Leitern eine unterirdische Verteidigungsanlage. Soldaten verbrachten Tage in diesen höhlenartigen Gruben und warteten auf Feinde. Rückte ein Feind an, konnten sie ihn aus den Höhlen heraus überraschend angreifen.

Dann reisten wir wieder nach Togo ein. Bei Mango – ist das nicht ein schöner Name für eine Stadt? – fuhren wir zu einem kleinen See. Ganz unverhofft ging dort ein kleiner Traum für uns in Erfüllung. Wir hatten das große Glück, Nilpferde in freier Natur beobachten zu können. Für Marie war dieses Erlebnis das absolute Highlight unserer Tour. Allerdings wusste sie zu diesem Zeitpunkt noch nicht, dass Nilpferde zu den gefährlichsten Tierarten der Welt gehören. Sie erschienen uns aus der Ferne jedoch alles andere als aggressiv.

Wie Steine lagen sie beinahe regungslos im Wasser und schauten uns an. Ein Kopf senkte sich sachte, ein anderer stieg gemächlich auf. Seelenruhig bewegten sich die Tiere in dem Wasser.

Eine Gruppe frei lebender Nilpferde in einem See bei Mango.

Dann besichtigten wir noch die Felsgrotten von

Nok, ebenfalls ein Weltkulturerbe der UNESCO. Dieser Ausflug war nur etwas für Schwindelfreie und Menschen, die nicht an Platzangst litten. Wir fuhren mit Motorrädern auf die Spitze einer Klippenformation und genossen eine herrliche Aussicht über das karge Land. Ein herrliches Bild. Vereinzelte Büsche und Bäume, Klippen und Felsen und jede Menge heller Sand. Über allem brannte erbarmungslos die Sonne.

Auf den Felsen von Nok.

Unser Reiseführer wartete auf der Klippe auf uns. Über eine metallene Leiter stiegen wir in seiner Begleitung an der Felswand hinab. Der Wind wehte heftig und Marie und ich hatten damit zu kämpfen, dass uns unsere Röcke nicht um die

Ohren flogen, während wir die Sprossen hinabstiegen und uns gleichzeitig an der Leiter festhielten. Dann gelangten wir auf ein Plateau. Wir erkannten Höhleneingänge in den Felswänden. Der Reiseleiter kroch mit uns in einzelne Höhlen hinein. Der Boden war sandig und wir konnten uns nur gebückt fortbewegen. Es war unglaublich, hier hatten seit etwa 1500 v. Chr. Menschen gelebt. Ihre kleinen Höhlensiedlungen waren vom Boden aus nicht zu erkennen. So waren sie vor feindlichen Stämmen geschützt und auch wilde Tiere konnten nicht in ihre hoch gelegene Siedlung gelangen. Der Reiseführer erzählte uns, wie die Menschen hier gelebt, gejagt und sich verteidigt hatten.

Eine Geschichte erinnerte an einen Western. Berittene Feinde lockten die Menschen zu den Rändern der Klippen. Sie hielten auf die Klippen zu, schwangen sich im letzten Moment an der Felswand hinunter und ließen ihre Verfolger so nach sich in den Tod stürzen.

Unsere Reise führte uns weiter nach Sokodé. Hier legten wir umgerechnet satte 60 Euro für einen Besuch in Togos zweitem Nationalpark auf den Tisch. Die Elefanten, Büffel, Leoparden, Krokodile und 5 verschiedenen Affenarten, die dort leben sollten, bekamen wir auf unserer mehrstündigen Tour mit dem Geländewagen aber nicht zu sehen. Nur ein paar Antilopen und blaue Vögel erspähten wir. Das war eine ganz schöne Enttäuschung für uns.

Mit diesem Programmpunkt endete unsere Reise und wir fuhren Richtung Kpalimé zurück. Dort blieb Marie noch eine Woche und übernachtete, genau wie Martina ein paar Monate zuvor, in meinem Zimmer bei der Familie Zabessi. Wir hatten eine tolle Zeit zusammen, aber Marie war sichtlich froh, als sie wieder nach Hause flog. Eine saubere Dusche fehlte ihr nach zwei Wochen unsagbar. Sie würde es kein Jahr in Togo aushalten, meinte sie noch, bevor sie wieder abreiste.

Von der Kolonie zur Scheindemokratie

Die meisten der 6 Millionen Togolesen sind Christen, hauptsächlich Katholiken. Der Bevölkerungsanteil an Muslimen beträgt etwa 20 Prozent. Die Zeugen Jehovas sind neben vielen anderen religiösen Gruppierungen eine anerkannte Glaubensgemeinschaft in Togo. Viele Togolesen praktizieren gleichzeitig Naturreligionen und Voodoo. Die beiden größten ethnischen Gruppen sind die Ewe im Süden und die Kabiyé im Norden.

Das Land ist in fünf Regionen unterteilt. Ich lebte mit fünf anderen Freiwilligen in Kpalimé. Diese Stadt liegt in der Region „Plateaux“ mit der Regionshauptstadt Atakpamé. In der Region, die landschaftlich und klimatisch als die reizvollste Togos gilt, befindet sich auch der Mont Agou, mit 960 Metern der höchste Berg Togos.

Es gibt zwei Klimazonen. Im Süden herrscht ein äquatoriales und im Norden ein tropisches Klima. Die Temperaturen sind ganzjährig sehr hoch. Im Süden gibt es jeweils eine große Trocken- und eine große Regenzeit, im Norden sind es hingegen zwei Trocken- und zwei Regenzeiten. Im November beginnt im Süden die große Trockenzeit. Sie dauert von November bis März und aufgrund des Harmattans, einem trockenen Saharawind, können die Temperaturen zwischen Februar und März bis zu 45 Grad Celsius erreichen.

Die jüngere Geschichte Togos ist vor allem durch Kolonisation geprägt. Mit der Ankunft der Deutschen im Jahr 1884 endete die Zeit der togoischen Königreiche und Togo wurde eine deutsche Kolonie, das Togoland. Im ersten Weltkrieg verloren die Deutschen dann ihre Kolonie und die Franzosen eigneten sich Togoland an.

Die Spuren der französischen Kolonialisierung sind noch heute im Alltag zu finden. Nahezu jeder Togolese hat einen togoischen und einen französischen Vornamen, französisch ist die togoische Amtssprache, es gibt eine Reihe französischer Importprodukte und das Baguettebrot findet sich praktisch überall.

Bis heute sind die Franzosen in Togo im Allgemeinen sehr unbeliebt. Von den Deutschen hat man hingegen ein sehr positives Bild. Das liegt wohl vor allem daran, dass Frankreich das kleine Land während seiner Kolonialzeit viel stärker ausgebeutet hatte als die Deutschen dies zuvor getan hatten.

Die deutschen Kolonialisten schufen in Togo Infrastruktur. Die damals gebauten Straßen sind noch heute in Benutzung und die deutschen Kolonialisten hatten zudem solch gute Ideen, wie Mangobäume an Wegesränder zu pflanzen, damit Reisende jederzeit etwas Essbares finden konnten. Die ebenfalls von den Deutschen errichtete Eisenbahnlinie legte man später jedoch leider still.

Deutschland war während meines Aufenthaltes in Togo medial präsent. Am 03. Oktober gab es einen großen Bericht über die innerdeutsche Teilung in den Nachrichten. Der deutsche Botschafter genoss eine große mediale Aufmerksamkeit in Togo und wurde häufig im Fernsehen gezeigt. Den Namen von Gustav Nachtigall, dem ersten Deutschen, der Togo betrat, kennt praktisch jedes Kind und Deutsch wird neben Spanisch an den Gymnasien als zweite Fremdsprache gelehrt.

Ich konnte zunächst kaum glauben, dass die Togolesen so einstimmig positiv von den Deutschen sprachen und fragte mich, ob das lediglich eine mir gegenüber angetragene Höflichkeit war. Nur ein einziges Mal erzählte mir ein Togolese, David, eine furchtbare Geschichte aus der Kolonialzeit. David hatte in Togo Physik studiert und war für circa ein Jahr in Deutschland gewesen, um die deutsche Sprache zu lernen. Er bat mich, mit ihm deutsch zu sprechen, damit er in Übung bleibt. Mir machte es Spaß, mich mit ihm zu unterhalten und deshalb tat ich ihm diesen Gefallen gerne.

Aber nun zu der Geschichte. Die damaligen Kolonialherren trugen gerne einen wilhelminischen Schnauzbart. Dieser verlieh ihnen ihrer Meinung nach ein stattliches Aussehen.

Eines Tages brachen zwei der Kolonialherrscher zu einer Reise auf. Als sie nach einigen Wochen in das ihnen übertragene Gebiet zurückkehrten, stellten sie entsetzt fest, dass einige togoische Männer ihnen die Mode nachgemacht hatten. Sie hatten sich dichte Schnauzbärte wachsen lassen. In den Augen der Kolonialisten war dies nur eins: Eine ungeheuerliche Majestätsbeleidigung. Es musste eine Strafe folgen.

Am Abend riefen die Deutschen alle bärtigen

Männer zusammen. Jeder von ihnen musste einzeln einen spärlich beleuchteten Raum betreten. Dort sollten sie sich auf einen Stuhl setzen. Aus einer dunklen Ecke trat dann ein Mann mit einer Eisenzange in der Hand an sie heran. Mit dem Werkzeug riss er ihnen den Bart von der Haut und nicht selten auch die Haut vom Fleisch.

Da den Togolesen Deutschland so vertraut zu sein schien, fand ich es beschämend, dass Togo im deutschen öffentlichen Bewusstsein schon lange in Vergessenheit geraten zu sein scheint. Bevor ich mich eingehender mit Togo beschäftigte, wusste ich kaum etwas über das Land und seine Geschichte, die gleichzeitig ja auch ein Teil der deutschen Geschichte war. In der Schule hatten wir zwar über den Kolonialismus gesprochen, mit den einzelnen Kolonien hatten wir uns aber nicht auseinandergesetzt. In den Medien schien dieses Thema auch eher randständig zu sein. Den Menschen in meinem Umfeld ging es wohl ähnlich wie mir. Die wenigsten, denen ich von meinen Auslandsplänen erzählte, kannten überhaupt das kleine afrikanische Land. Und dass es sich bei Togo um eine ehemalige Kolonie Deutschlands handelte, war für sie in den meisten Fällen eine Überraschung. Eine Freundin von mir konnte sich den Namen des Landes nicht einmal merken. Sie verbreitete in unserem Bekanntenkreis das bezeichnende Gerücht, ich würde für einen Freiwilligendienst nach Toronto gehen.

Einige Male hat man mich in Togo gefragt, warum ich mir gerade dieses Land für meinen Freiwilligendienst ausgesucht hatte. Es fiel mir schwer, ehrlich darauf zu antworten. Denn eigentlich hatte das keine landesspezifischen Gründe. Ich wollte französisch sprechen und das Leben in einem afrikanischen Entwicklungsland erfahren, das waren meine Beweggründe.

Bis Anfang der 60er Jahre war Togo eine französische Kolonie. Erst im April 1960 erlangte

Togo seine Unabhängigkeit von Frankreich zurück und Sylvanus Olympio wurde der erste Präsident Togos. Der 27. April ist daher der Nationalfeiertag Togos.

Die Regierung bezeichnet ihren Staat zwar als eine präsidiale Republik, ist von einer Demokratie aber weit entfernt. Manchmal unterhielt ich mich mit David, meinem lieben Sprach-Tandem-Partner, über diese Themen und erfuhr spannende Dinge. Die Regierungspartei RPT, Rassemblement du peuple togolais, sichert sich stets die absolute Mehrheit im Parlament. So auch im Jahre 2010. Die Wahlen wurden dabei auf verschiedene Weise manipuliert. Parteimitgliedern war es gestattet, mehrmals ihre Stimme abzugeben und die Einteilung der Wahlbezirke entsprach überhaupt nicht den proportionalen Bevölkerungsanteilen. Die Hauptstadt Lomé hatte mit etwa 1,5 Millionen Einwohner nur ein Stimmrecht für 10 Parlamentssitze, wohingegen bspw. ein kleines Dorf mit nur 39 Einwohnern über 2 Sitze im

Parlament abstimmen konnte. Dass die Bevölkerung anders stimmen würde, wenn sie könnte, zeigte das Wahlergebnis aus Lomé: Hier gingen 8 von 10 Sitzen an die Opposition.

Faure Gnassingbe, der Sohn von Eyadema Gnassingbe, der 40 Jahre lang in Togo regierte, gelangte nach dem Tod seines Vaters im Jahr 2005 an die Macht und regiert bis heute.

Manchmal erzählen sich die Leute Anekdoten über den älteren togoischen Präsidenten. Der alte Präsident war zum Ende seines Lebens leicht senil und die Leute witzelten über ihn. Er soll einmal mit dem chinesischen Staatspräsidenten ein Glas gehoben haben. Der Chinese tat dies mit den Worten „chin chin", woraufhin Gnassingbe mit „Togo Togo" antwortete.

Das Radio ist wohl das wichtigste Medium in Togo, da viele Menschen keinen Fernseher besitzen. Einen freien und kritischen Journalismus gibt es in

Togo nicht. Die mediale Berichterstattung wird von der Regierung gelenkt. Manchmal konnte ich kaum glauben, über was für triviale Dinge in den Abendnachrichten berichtet wurde. Nur selten wurden Nachrichten aus dem Ausland gebracht.

Es gab zwei Themen, die während meiner Zeit in Togo von den Medien stark aufgegriffen wurden. Über die Flüchtlingskatastrophen vor Lampedusa und den Tod von Nelson Mandela wurde viel im Radio und im Fernsehen berichtet. Nelson Mandela zählt für die Togolesen zu den bedeutendsten Personen der Weltgeschichte und sein Tod war ein großer Verlust für die Togolesen.

Barack Obama erfährt in Togo ebenfalls viel Bewunderung und ist ein Idol für viele Menschen. In einem christlichen Buchladen lagen neben Bibeln und Ratgebern, Biografien des Präsidenten aus und junge Mädchen trugen T-Shirts, auf die „Obama Girl“ gedruckt war. Vielen Menschen ist er sicherlich ein Vorbild aufgrund seines beruflichen

Werdegangs, mit der amerikanischen Politik sind die Leute im Allgemeinen aber wohl weniger einverstanden. Mein Gastvater schimpfte beispielsweise einmal sehr über die Kriegspolitik der USA.

„Yes we can" – Obamas Wahlspruch von 2008 auf der Wand eines Hauses auf dem Mont Agou.

Einmal habe ich Nyedzi gefragt, wie es sich anfühlt, in so einem armen Land zu leben. Er sagte, dass es dir deine Träume nimmt, denn verwirklichen kannst du ohnehin die wenigsten. Besonders der alte Präsident hatte das Land heruntergewirtschaftet und auch sein Sohn bremst jede wirtschaftliche Initiative durch absurde Steuersummen aus, um die Leute klein zu halten. Auf die Regierung ist Nyedzi wütend. Bei den letzten Wahlen hat er trotz Wahlpflicht nicht teilgenommen. Dennoch ist er Mitglied in der Regierungspartei. Ich war ziemlich erstaunt, als ich beim gemeinsamen Aufräumen in seiner Wohnung seinen Mitgliederausweis fand. Er meinte, es gab Zeiten, in denen eine Parteimitgliedschaft lebenswichtig gewesen sei. Bei den letzten Wahlen gab es Demonstrationen, gegen welche die Regierung mit Gewalt vorgegangen war. Und nicht selten kam es zu Entführungen von Regierungsgegnern.

Wirtschaftlich gut geht es in Togo eigentlich nur

den Angehörigen des Staatsapparates, die natürlich alle darum bemüht sind, ihre Posten zu halten. Korruption ist ein großes Problem in Togo. Und zwar im Großen wie im Kleinen. Damit Nyedzi mit Marie und mir auf die Reise nach Benin gehen konnte, schenkte er seinem Schuldirektor einen USB-Stick und brachte ihm einen teuren Früchtesirup von der Reise mit. Was für ein großes Problem das ist, wurde mir bald sehr klar. Ich fing zu meinem Erstaunen selbst damit an, Leute im kleinen Rahmen zu bestechen. Wenn alle es tun, wäre man ja dumm, wenn man sich von den Vorteilen, die man sich verschaffen kann, ausnimmt. Ich bin wohl doch mehr Homo Oeconomicus, als ich dachte. Ich gab Credo, einem der Lehrer in der Blindenschule, einmal mehrere Kilogramm Yams, damit er mir einen zusätzlichen freien Tag gibt, den ich mit Nyedzi verbringen konnte. Ich kam an dem Tag früher als alle anderen in die Schule. Die schwarze Plastiktüte voller Yamswurzeln postierte ich bei Credo auf dem Schreibtisch. Als er kam, bedankte er sich. Er sagte mit zufriedenem Gesichtsausdruck: „Ja, das muss so sein! Wenn die Kinder auf die Reise gehen, müssen sie ihrem Papa etwas mitbringen“. Ich stimmte ihm kräftig zu und genoss meinen freien Tag.

Manchmal ärgerte es mich, dass die Togolesen nicht in der Lage sind, etwas an ihrer ärmlichen Situation zu ändern oder einen politischen Willen dazu entwickeln. Stattdessen gehen sie in die Kirchen und beten dafür, dass bessere Zeiten kommen. Ich glaube, ein Grund für diese Haltung liegt in der repressiven Kindererziehung. Ob zu Hause oder in den Schulen, überall lernen die Kinder, Befehlen zu gehorchen. Im Schulunterricht wird auswendig gelernt. Freies Malen oder Schreiben gibt es kaum. Bei meinen Gastgeschwistern ist mir aufgefallen, wie wenig kreativ die Kinder beim Zeichnen waren. Etwas anderes als abzumalen lernen die Kinder im Zeichenunterricht nicht.

Drei Mädchen im Grundschulalter auf dem Weg zum Markt, wo sie ihre Waren verkaufen.

Befolgen Kinder Anweisungen nicht, werden sie nicht selten geschlagen. Diese Erziehung setzt sich im Erwachsenenalter natürlich weiter fort. Gegenüber vermeintlichen Autoritäten wird keine

Kritik geübt, Niedergestellten, Jüngeren oder Kindern wird hingegen befohlen. Das zeigte sich in Togo schon in der Umgangssprache. Es war für mich sehr gewöhnungsbedürftig, dass der Befehlston in Togo ganz normal ist: „Komm!“, „Nimm!“, „Gib mir!“, „Lass!“, so sprechen die Menschen miteinander. Honoré hielt ich deswegen anfangs für einen sehr strengen Chef und mit Nyedzi hatte ich mehrere Auseinandersetzungen deshalb. Meistens wollte er mir ja gar nichts befehlen, aber durch diese Ausdrucksweise konnte ich seine Bitten ja gar nicht anders als Kommandos auffassen. Manchmal ignorierte ich ihn dann einfach oder reagierte störrisch: „Ich muss nichts“, „Ich bin nicht Dein Hund“, „Nein“, „Hör auf mir zu befehlen – bitte“ (mir fiel im selben Moment auf, dass es sich dabei ja auch um einen Befehl handelte), solche Aussagen von mir machten ihn wütend, da er sie von er von togoischen Frauen bisher nicht gewohnt war. Er muss mich für eine ziemlich zickige Person halten. Manchmal meinte er zu mir, ich sei zu anspruchsvoll und oft konnte er gar nicht nachvollziehen, womit ich eigentlich ein Problem hatte.

Eines Nachmittags wollten wir mit seinem Moto auf den Markt fahren, um für das Abendessen einzukaufen. Nyedzi holte das Moto aus dem leerstehenden Haus von gegenüber und schob es auf die Straße. Ich folgte ihm und schloss das metallene Tor hinter uns. Gerade wollte ich auf das Motorrad aufsteigen, als Nyedzi auffiel, dass er seinen Helm vergessen hatte. „Den Helm!“, sagte er nur zu mir. Wir waren doch hier nicht im OP und er nicht der Oberarzt. Wenn er wollte, dass ich zurückging um ihn zu holen, hätte er schon anders fragen müssen. „Ja, und? Du hast ihn vergessen, dann kannst Du ihn auch holen“, sagte ich. Wütend stapfte Nyedzi zurück zum Haus.

Nachdem wir viel über dieses Thema geredet hatten, gab Nyedzi sich einige Mühe, einen anderen Umgangston mit mir zu entwickeln. Dennoch kam es immer wieder zu ähnlichen Situationen. Ich fand ihn grob unhöflich, während er meinte, ich reagiere übersensibel. Wahrscheinlich haben wir beide Recht.

Nicht nur in Bezug auf Nyedzi empfand ich die kulturellen Unterschiede zwischen der togoischen und der deutschen Gesellschaft als große persönliche Herausforderung. Das betraf große und kleine Dinge. Als die Kinder meiner Gastfamilie beim Spielen ein Mäusenest entdeckten, benutzten sie die kleinen Mäuse als Spielzeug. Marie und Raphael störten sich nicht daran, dass die Kinder die kleinen Tiere als Puppen benutzten. Eine Diskussion darüber zu führen, erschien mir unangemessen, aber ich verbat den Mädchen zumindest, die Mäuse in mein Zimmer zu bringen. Die Kinder spielten noch so lange mit den kleinen Mäuschen, bis sie starben.

Die Menschen nicht zu verurteilen, deren Verhalten ich als schlecht empfand, gelang mir nicht immer. Wenn es um Mäuse ging, war ich tolerant, aber wenn es um Themen ging wie die soziale Ungleichheit von Frauen und Männern, Gewalt in Familien, die Beschneidung, bzw. Genitalverstümmelung von Jungen und Mädchen oder Aberglaube war ich nicht mehr so entspannt. Und ich sah das eigentlich auch nicht ein. Manche Dinge sind einfach schlecht oder unsinnig, egal ob sie auf einer Tradition gründen oder nicht. Ich erinnerte mich an einen Ausspruch der Philosophin Hannah Arendt, der auf die menschliche Urteilskraft gerichtet war. In Bezug auf den Holocaust schrieb sie, dass „wir mit dieser Vergangenheit nur fertig werden, wenn wir anfangen zu urteilen, und zwar kräftig". Dieser Satz hatte sich mir im Politikstudium für immer eingeprägt und in Togo kam er mir oft in den Sinn.

Einmal hatte ich eine für mich schockierende Tatsache über einen meiner togoischen

Arbeitskollegen aus dem Büro erfahren. Ich mochte Hugo zuvor sehr gerne. Er war immer guter Laune und hatte eine freundliche und gemütliche Wirkung auf mich gehabt, was nicht zuletzt an seinem extremen Übergewicht gelegen haben mag. Ich hatte ihn schon ein oder zwei Mal mit Nyedzi zuhause besucht und seine Frau und seine kleine Tochter kennengelernt. Wir aßen zusammen und unterhielten uns über alles Mögliche. Dann suchten Nyedzi und ich ihn eines Tages in einem anderen Haushalt auf. Dort trafen wir zu meinem Erstaunen auf eine zweite Frau und zwei weitere Kinder. Diese Frau war seine erste Ehefrau, wie sich bald herausstellte. Sie wirkte sehr unglücklich auf mich, was mich traurig machte. Ich wusste zwar, dass in Togo die Polygamie noch existiert und nicht nur muslimische Männer polygam lebten (muslimischen Männern steht es in Togo traditionsgemäß zu, bis zu vier Frauen zu heiraten), hätte jedoch nicht erwartet, dass die Vielehe auch von den jüngeren, nicht islamischen und gebildeten Männern praktiziert wird. Zwar hatte ich die Polygamie schon bei Nyedzis Vater erlebt, aber der gehörte in meinem Denken noch einer ganz anderen Generation an. Schließlich stand der Mann unmittelbar vor seiner Rente.

Ich war sauer auf Hugo, aber Nyedzi bekam meinen Ärger ab. „Du hättest mich ruhig vorwarnen können", meinte ich zu ihm. „Wie konntest Du mich mit zu diesem Mann nach Hause nehmen ohne mich wissen zu lassen, dass er mehrere Frauen hat?", fragte ich ihn. Nyedzi zuckte mit den Schultern. „Daran habe ich nicht gedacht", sagte er nur. Hielt er Hugos polygame Lebensform für nicht der Rede wert? Hatte Nyedzi am Ende etwa auch polygame Tendenzen? Dass er so aufgewachsen war, musste ihn ja geprägt haben. Ich fragte ihn, wie er das bei seinem Vater findet. Nyedzi meinte, dass die Lebensweise seines Vaters viel Schaden hervorgerufen hätte. Unter den Frauen hätte es immer wieder Streit gegeben, der sich auch auf die Kinder übertragen hätte, erzählte er. „Eine Frau und zwei Kinder reichen doch völlig aus“, sagte er.

Am 14. Februar traf ich Hugo zufällig in Kpalimé auf der Straße. Er saß auf seinem klapprigen Moto, das unter seiner kräftigen Statur winzig wirkte. „Heute ist Valentinstag!“, rief er fröhlich. „Ja, ich weiß“, sagte ich. „Schenkst Du Deiner Frau etwas?“, fragte ich ihn, ohne daran zu denken, dass ich eigentlich den Plural hätte benutzen müssen. „Ja, natürlich“, sagte Hugo und deutete auf den Griff einer großen Bratpfanne, der aus seiner Umhängetasche ragte. Er lachte vergnügt, während ich mir auf die Lippen biss.

Nur in zwei Ländern Afrikas, in Südafrika und den Kapverdischen Inseln, ist Polygamie komplett verboten. Es gibt einige Länder, in denen die Vielehe zwar verboten wurde, das Verbot aber nicht durchgesetzt wird. So ist es zum Beispiel in Togo. Die Polygamie ist zwar untersagt, wird aber vom eigenen Präsidenten praktiziert. Faure

Gnassingbe soll etwa 40 Frauen und deren Kinder unterhalten.

Insgesamt war die Situation der Frauen in Togo ein Thema, das mich sehr beschäftigte. Immer wieder beobachtete ich Dinge, die ihre niedere soziale Position gegenüber den Männern und zum Teil auch den Kindern verdeutlichten. Von der Frau des Mannes, bei dem Nyedzi und ich ein Zimmer in Atakpamé untergemietet hatten, kannten wir zum Beispiel noch nicht einmal den Vornamen. Man hatte sie uns nie vorgestellt. Und irgendwann traute ich mich nicht mehr sie zu fragen. Ich hatte das Gefühl, den Zeitpunkt verpasst zu haben, weil wir uns schon so oft gesehen hatten.

Gegenüber Nyedzi hatte ich das Gefühl, mich gelegentlich behaupten zu müssen. In den Ferien besuchte ich ihn in Sokodé. Das erste Mal waren wir rund um die Uhr zusammen und lernten uns intensiver kennen als jemals zuvor. Nach ein paar

Tagen fiel mir auf, dass wir irgendwie nur das taten, was Nyedzi beschlossen hatte. Wenn wir auf sein Motorrad stiegen, wusste ich manchmal gar nicht, wohin wir fuhren. Er fuhr mit mir hierhin und dorthin, wir besuchten den einen Freund, dann den anderen. Ich wusste manchmal nicht, wie mir geschah. Langsam kränkte dieses Verhalten meinen Stolz. Ich hatte ja gar nichts mehr zu entscheiden. Es war an der Zeit, dass wir etwas taten, was nur ich wollte.

„Kann man hier irgendwo reiten?", fragte ich Nyedzi eines Morgens. Er überlegte, telefonierte und tatsächlich, am nächsten Tag hatten wir eine Verabredung mit einem Pferdebesitzer. Zwei Pferde standen schon für unseren Ausritt bereit. Ich sollte das linke nehmen, ein schwarzes Pferd mit langer gewellter Mähne. Die Hüftknochen waren deutlich zu sehen, so dünn war das Tier. Man gab mir einen Reithelm. „Habt ihr auch Stiefel?", fragte ich. Der Mann schaute auf die pinkfarbenen Flip-Flops an meinen Füßen. „Nein", lautete seine Antwort. Kurz entschlossen streifte ich die Latschen ab. Dann eben barfuss. Unser Ausritt sollte losgehen. Ich stieg auf. Das Pferd war unruhig. Ich nahm die Zügel auf, setzte mich aufrecht und drückte meine Waden mit sanftem Druck in seine Seiten. Da trabte das Tier sofort los. Von den Pferden aus meiner Reitschule in Deutschland war ich anderes gewohnt. Ich machte mich schwer im Sattel, verkürzte die Zügel. Aber das temperamentvolle Tier verlangsamte seinen Trab nicht. Im Gegenteil, es trabte bis zum Ende des sandigen Weges und bog dann nach links ab. Eine asphaltierte Hauptstraße lag vor uns. Ich zog energischer die Zügel an, bewirkte damit aber das Gegenteil von dem, was ich wollte. Das Pferd begann zu galoppieren. Oh mein Gott! Nicht herunterfallen, nicht auf den Asphalt, ging mir durch den Kopf. Ich verfluchte mich. Was für eine dumme Idee das doch gewesen war! Die Leute auf der Straße lachten. Motorräder hielten an. Ich war eine unfreiwillige Sensation. Okay, Konzentration. Was hatte ich in der Reitschule gelernt? Nach hinten lehnen, sich schwer machen, entspannen. Puh! So galoppierte ich auf einem wild gewordenen schwarzen Araber durch Sokodés Innenstadt. Als die Straße endlich zu Ende war, fiel das Tier in den Trab, dann in den Schritt. Erst jetzt bemerkte ich den Besitzer des Pferdes neben mir auf seinem Motorrad. Er war mir hinterher gefahren. Endlich hörte das Pferd auf mich und blieb stehen. Nichts wie runter. Der Besitzer kam auf mich zu und ich drückte ihm die Zügel in die Hand. „Hier, ich habe genug", sagte ich. „Ich dachte, Du kannst reiten", meinte der Mann. „Wenn man reiten kann, ist das ein tolles Pferd." Okay, ich konnte also offensichtlich nicht reiten. Aber das war mir jetzt auch egal. Der Mann bot mir noch das andere Tier an. Nachdem er mir versicherte, dass dieses lammfromm war, versuchte ich es ein zweites Mal. Er selbst bestieg das andere Pferd und wir machten einen gemütlichen Ausritt durch Sokodé, Nyedzi begleitete uns auf seinem Motorrad und machte Fotos.

Nyedzi erzählte mir einmal, dass eigentlich alle seine Freunde ihre Freundinnen schlagen würden. Dass sie ihnen gelegentlich eine Ohrfeige gäben, sei völlig normal. Die Frauen empfänden das selbst gar nicht als Unrecht, sondern seien wie ihre Männer der Auffassung, dass Frauen durch ihren Partner gezüchtigt werden dürften.

Auch Kinderhochzeiten und Genitalverstümmelung sind in Togo ein Thema. Allerdings betrifft das fast ausschließlich den muslimischen Bevölkerungsanteil, obwohl die Verstümmelung keinen religiösen Ursprung hat. Im Norden, dem muslimischen Teil des Landes, habe ich in Dörfern Plakate der Vereinten Nationen gesehen, welche mit blutigen Zeichnungen die schlimmen Folgen dieser Tradition aufzeigen sollten.

Im Jahr 1993 wurde die weibliche Genitalverstümmelung in der UN-Erklärung über die Beseitigung der Gewalt gegen Frauen als

Menschenrechtsverletzung anerkannt. Oft spricht man auch von einer Beschneidung der Mädchen. Das Wort Beschneidung ist jedoch ein euphemistischer Begriff für diese Prozedur. Die Durchführung und die Folgen der weiblichen Genitalverstümmelung sind weitaus qualvoller und schwerwiegender als die der männlichen Beschneidung. Die Genitalverstümmelung an Mädchen und Frauen ist in beinahe ganz Afrika verbreitet und wird auch in Togo praktiziert. In Somalia sind über 90 Prozent der Frauen verstümmelt, im Sudan sind es über 80 Prozent. Das afrikanische Land mit der geringsten Quote an genitalverstümmelten Frauen ist die Demokratische Republik Kongo. Hier sind etwa 5 Prozent der Frauen von Genitalverstümmelung betroffen.

Es gibt zwei gängige Arten der Verstümmelung: Die Klitoridektomie und die Exzision. Bei der ersten Variante werden entweder Teile der Klitoris oder die komplette Klitoris entfernt. Bei einer

Exzision werden zudem auch Teile der Schamlippen abgetrennt. In manchen afrikanischen Staaten wie beispielsweise im Sudan, findet zudem eine Infibulation statt. Dafür wird zusätzlich zu der Verstümmelung ein Verschluss der Scheide durch Vernähen durchgeführt. Lediglich eine kleine Öffnung für Ausscheidungen wird offen gelassen.

Diese Operationen geschehen meist unter unzureichenden medizinischen Standards. Die Operationsgeräte bestehen nicht selten aus Knochen, Rasierklingen, Messern oder Glasscherben und eine Narkose oder örtliche Betäubung gibt es in den allerseltensten Fällen. Die Mädchen, an denen die Verstümmelung vorgenommen wird, sind bis auf einzelne Ausnahmen zwischen wenigen Wochen und 18 Jahren alt.
Die betroffenen Frauen haben oft ihr Leben lang mit den gesundheitlichen Folgen der Genitalverstümmelung zu kämpfen. Sie reichen

von chronischen Infektionen der Harnwege und Inkontinenz – die den sozialen Ausstoß der Frau zur Folge haben kann – bis hin zu chronischen Schmerzen und Sterilität. Eine Unfruchtbarkeit kann sich auf die Zukunft der Frauen sehr nachteilig auswirken, da sie beispielsweise zum Scheidungsgrund werden kann.

Insbesondere die infibulierten Frauen haben mit massiven gesundheitlichen Folgen zu kämpfen. Bei diesen Frauen dauert eine Menstruation beispielsweise zehn Tage oder länger, weil sich das Blut im Unterleib staut, was mit starken Schmerzen verbunden ist. Sexualität erleben diese Frauen oft nur als schmerzvolle Prozedur und Geburten werden zu einer Höllenqual, da sich das Narbengewebe im Genitalbereich nicht mehr dehnt. Damit wird eine Geburt zu einem sehr hohen Gesundheitsrisiko für Frauen und Kinder. Da die Genitalverstümmelung meist ohne Betäubung durchgeführt wird und fast immer mit körperlicher Gewalt einhergeht, weil die Mädchen von mehreren Personen festgehalten werden, sind viele Mädchen und Frauen durch das Ereignis traumatisiert. Die Abbildung einer solchen Szene habe ich auf einem Plakat im Norden Togos gesehen. Es war in einer Region angebracht, in welcher der muslimische Bevölkerungsanteil besonders hoch ist.

Das Trauma der extremen Gewalterfahrung kann bei den Mädchen und Frauen zu langfristigen Verhaltensstörungen, wie Essstörungen und Panikattacken oder psychosomatischenheiten führen. Zudem wird das Vertrauensverhältnis der Kinder zu den Eltern gestört, da die Eltern die Prozedur veranlasst, sich unter Umständen sogar aktiv daran beteiligt haben und das Mädchen in der Regel nicht über die Schmerzen aufgeklärt haben.

Über den Ursprung von Genitalverstümmelung gibt es wenig stichhaltige Informationen. Als sicher gilt, dass das Ritual schon im Alten Ägypten verbreitet war. Es stellte als Initiationsritus den Übergang in das weibliche Erwachsenenalter dar. Vor dem Ritual galten Jungen und Mädchen als geschlechtsneutral. Um sie eindeutig einem Geschlecht zuzuordnen, musste der jeweils als andersgeschlechtlich geltende Teil der Genitalien entfernt werden. Damit wurde auch die Findung sozialer Rollen verbunden. Darüber, wie sich das Ritual in der Folgezeit verbreitet hat, gibt es verschiedene Theorien. So könnte es beispielsweise von den muslimischen Eroberern Ägyptens weitergetragen worden sein.

Das Ritual besitzt bei vielen Ethnien Afrikas auch heute noch einen hohen Wert als Initiationsritus. Erst durch die Genitalverstümmelung wird ein Mädchen zu einer heiratsfähigen Frau. Dieser Statuswechsel eines Mädchens wird von den Familien groß gefeiert. Das Nicht-Vornehmen des Rituals wird oft nicht in Erwägung gezogen, da es den sozialen Ausschluss des Mädchens beziehungsweise der Frau zur Folge hätte. Sie würde in ihrer Gemeinschaft nie als vollwertig anerkannt werden und nur schwer einen Ehemann finden können. Wird der Brauch dennoch missachtet, hat meist die gesamte Familie Sanktionen zu erwarten.

Nichtverstümmelte Frauen haben einen niederen sozialen Status, welcher sich auch auf die anderen Familienmitglieder und die Nachkommen überträgt. Der Sohn einer Nichtverstümmelten wird zum Beispiel als solcher stigmatisiert. Da man in vielen afrikanischen Gemeinschaften auf die Unterstützung der Mitglieder seiner Gemeinschaft angewiesen ist, ist Genitalverstümmelung für viele Familien daher nahezu eine existenzielle Notwendigkeit. In manchen ethnischen Kreisen hat Genitalverstümmelung sogar darüber hinaus einen ökonomischen Nutzen für die Familien, da der Grad der Verstümmelung die Höhe des Brautpreises bestimmt. Je stärker die Frau oder das Mädchen beschnitten wurde, desto mehr Geld können ihre Eltern für sie verlangen. Die Gründe für die weibliche Genitalverstümmelung sind nicht religiöser Natur, da Genitalverstümmelung bei Muslimen und Christen durchgeführt wird. Häufig wird die Begründung für die Verstümmelung ausschließlich aus dem Aberglauben gezogen. Heuschreckenplagen, Unglück und Dürren seien die Folge, wenn ein Mädchen nicht verstümmelt werde.

Der tatsächliche Grund für die weibliche Genitalverstümmelung ist offensichtlich Repression. Bei dem Ritual geht es um die Unterdrückung von Frauen und ihrer Sexualität. Die Verstümmelung sichert dem Mann vermeintlich die Treue seiner Frau. Damit einher geht natürlich die Rollenerwartung, dass die Frau voll und ganz Mutter und Ehefrau ist. Durch sexuelles Begehren würde dieses Rollenbild gestört. Daher wird das Vorurteil verbreitet, dass nicht verstümmelte Frauen nymphoman und promiskuitiv seien.

Dass ich an der Situation der togoischen Frauen nichts ändern konnte, machte mich oft wütend und ich dachte viel darüber nach, wie ich in dieser Hinsicht positiv etwas bewirken könnte. Ich entwarf zum Beispiel einmal ein Flugblatt, auf das ich Dinge schrieb, wie: „Frauen von Togo – niemand hat das Recht, Euch zu schlagen! Ihr habt dieselben Rechte wie Männer! Ehefrauen sind keine Sklaven! Polygamie ist ein Instrument zur Unterdrückung von Frauen!“, hatte dann allerdings die Sorge, dass ich meiner Gastfamilie mit solch einer Flugblattaktion Probleme bereiten könnte und nahm von der Idee Abstand, die Flugblätter zu verteilen.

Für mich war klar, in Togo läuft einiges schief und auch bei mir stellte sich, wie bei so vielen Leuten, die einen Auslandsaufenthalt in einem Entwicklungsland antreten, eine höhere Wertschätzung des politischen Systems, der nichtpatriarchalischen deutschen Gesellschaft und der Medien Deutschlands und Europas ein. Was haben wir vergleichsweise für ein Glück.

Nicht zu unterschätzen

Die Stimmung unter den Freiwilligen war während der gesamten Zeit unseres Aufenthaltes sehr gespalten. Es gab Freiwillige, denen die Zeit viel zu schnell verging. Wenn sie nur daran dachten, dass sie eines Tages Abschied von Togo nehmen werden müssten, wurden sie schon traurig.

Andere hatten sich das Leben in Westafrika anders vorgestellt, litten unter Heimweh, waren enttäuscht von ihrem Projekt und zählten nur noch die Tage bis zum Ende ihres Aufenthalts. Bei manchen schien sich ihre Frustration und ihre Enttäuschung in Rassismus und Abwertung der Togolesen auszudrücken. Von ihnen kamen auf einmal Sätze, wie: „Die Togolesen fressen alles, was nicht bei drei auf den Bäumen ist". Dass einige von den Mädchen einen togoischen Freund hatten, stieß auf ihre Ablehnung. Unsere Wohnung in Atakpamé bezeichnete Thorsten beispielsweise einmal als „Bumsbude" und Momo, den Freund von Luisa, beleidigte er als einen „Müllmann". Diese Freiwilligen gaben sich auch keine Mühe, ihr französisch zu verbessern, um mit den Einheimischen reden zu können. In ihrer Freizeit blieben sie am liebsten unter sich.

Mit ihrer Gastfamilie waren längst nicht alle Freiwilligen zufrieden. Felice meinte einmal, sie würde zukünftigen Freiwilligen von einer Ausreise nach Togo dringend abraten. Am liebsten wäre sie schon viel früher wieder nach Hause gefahren. Den Aufenthalt ohne zwingende Gründe abzubrechen, war aber schlecht möglich, da man in diesem Fall für die Kosten des ganzen Programms hätte aufkommen müssen. Diese beliefen sich auf etwa 10.000 Euro.
Was uns allen zu schaffen machte, waren die

Krankheiten, die uns ereilten. Das Klima und die vielen für unseren Körper unbekannten Keime waren eine Herausforderung für unseren europäischen Organismus. Eine französische Ärztin in einem togoischen Krankenhaus sagte mir einmal, dass Infektionen in Togo bei einem Europäer 10 Mal schlimmer verlaufen würden als bei einem Einheimischen. Europäer hätten einfach keine Immunität gegen die vielen unbekannten Erreger. Wir Freiwilligen mussten in dem Jahr viel, viel Antibiotika nehmen, um diverse Infektionen zu bekämpfen.

Im Nachhinein erscheint es mir unglaublich, dass wir Freiwilligen die Zeit in Togo bei so schlechter Gesundheit verbracht und durchgehalten haben. Aus medizinischer Sicht war der Aufenthalt katastrophal. Ich habe während meines Freiwilligendienstes 23 Mal einen Arzt aufsuchen müssen. Kontroll- und Zweittermine nicht mitgerechnet. Die Gründe waren vielfältig: Malaria, Typhus, Harnwegsinfektionen,

Darmparasiten, Bronchitis, Blutarmut (die meist eine Begleiterscheinung von Parasitenbefall ist), sowie andere Fieber- und Durchfallerkrankungen. Zwischenzeitlich bekam ich sogar Herzschmerzen und Herzrhythmusstörungen.

Insgesamt sind mir vor Ort Kosten von über 400 Euro für die Arztbesuche und die Medikamente entstanden. Bei meinem Krankenversicherer musste ich später 23 einzelne Anträge zur Kostenerstattung einreichen. Fast alle Kosten wurden mir von der Versicherung erstattet.

Anderen Freiwilligen ging es gesundheitlich ebenso schlecht. Ein Mädchen, mit dem ich mich unterhielt, hatte in Togo Hepatitis bekommen. Von einem anderen Mädchen hörte ich, dass eine Freiwillige ihrer Organisation eine Augenentzündung bekam, die mit einem 50%igem Verlust ihrer Sehkraft einherging. Zudem habe ich mit einer Freiwilligen, Jana, gesprochen, auf deren Haut sich ohne erkennbare Ursache Wunden bildeten. Die Wunden kamen sozusagen aus ihrem Körper heraus und zeigten sich vor allem rund um die Knöchel und Handgelenke. Kein Arzt wusste damit etwas anzufangen und man sagte ihr, dass es sich wahrscheinlich um eine Allergie handele. Nach der Rückkehr des Mädchens nach Deutschland haben sich die Wunden glücklicherweise zurückgebildet.

Als ich eines Nachmittages im Wartezimmer des Krankenhauses saß, kam Felice ganz unerwartet zur Tür herein. Sie wolle ebenfalls mit dem Arzt sprechen. Da war ich an der Reihe. Ob sie nicht einfach mit mir reingehen wolle, fragte ich Felice. Sie zögerte zuerst, kam dann aber mit. Zuerst teilte der Arzt mir das Ergebnis meiner Blutuntersuchung mit. Alles war ok. Dann war Felice dran. Sie wirkte ziemlich angeschlagen auf mich. Seit Wochen ginge es ihr schlecht, die Haare fielen ihr aus, sie hätte ständig Bauchschmerzen, wäre immer krank und könne kaum noch etwas essen, klagte sie. Sie fragte den

Arzt, ob er es für sinnvoll fand, dass sie aus diesen Gründen Togo verlasse und nach Deutschland zurückkehre. „Ähm ja", sagte der junge Arzt zögerlich, „also wenn Dich das zu sehr stört, kann man das überlegen. Die Gesundheit geht immer vor." Felice hatte eine etwas andere Reaktion erwartet. Der Arzt schien wohl keine medizinische Notwendigkeit für eine Rückkehr zu sehen. Felice hielt in den kommenden Monaten weiter durch und kehrte nicht vorzeitig nach Deutschland zurück.

In Togo ist die gefährlichste aller Malaria-Arten verbreitet, die Malaria Tropica. Die wenigsten wissen, dass es sich bei Malaria um den Befall mit einem Parasiten handelt. Gelangt der Parasit durch den Stich mit der Tse-Tse-Fliege in den menschlichen Blutkreislauf, treten die ersten Symptome auf. Man bekommt Fieber, Kopfschmerzen oder Schwindel. In diesem Stadium ist die Krankheit meistens gut zu behandeln. Die einheimischen Ärzte sind

Experten, was die Erkennung und die Behandlung von Malaria angeht.

Katharina hatte in ihrem Projekt die Möglichkeit, die Malaria-Erreger unter dem Mikroskop zu sehen. Sie sagte, die Erreger hätten im ersten Stadium eine sichelförmige Statur und sähen aus wie kleine Halbmonde. Behandelt man die Krankheit in dem Blutstadium nicht, entwickelt sich der Parasit weiter und setzt sich in einem späteren Stadium auch in Organen, vor allem der Leber, fest und es kommt zu schwerwiegenden Symptomen. Malaria kann im schlimmsten Fall tödlich verlaufen. Ich hörte von einer deutschen Freiwilligen einer anderen Entsendeorganisation, die nach einer Malariainfektion ins Koma gefallen war.

Sechs Mal hatte ich mich in Togo mit Malaria infiziert. Da ich, sobald ich die Symptome bemerkte, sofort zum Arzt ging, konnte man die Krankheit glücklicherweise immer gut und schnell behandeln. Malariatests werden in Togo mit Hilfe eines Bluttropfens aus der Fingerkuppe durchgeführt. Bei der mikroskopischen Untersuchung der Blutprobe kann zudem die Höhe der Erregerdichte nachgewiesen werden. Meistens lag dieser Wert bei uns Freiwilligen zwischen 100 und 200, wenn wir wegen Malaria in Behandlung waren. Die übliche Therapie bestand in der dreitägigen Gabe von Tabletten. Bei hohem Fieber bekamen wir zudem eine Infusion mit fiebersenkenden Mitteln.

Bei Thorsten versagte der Bluttest jedoch einmal. Ohne Diagnose schickte man den fiebernden Thorsten wieder nach Hause. So kam es, dass er die Infektion über mehrere Tage verschleppte und am Ende stationär behandelt werden musste. Später sagte Thorsten, dass er dachte, sterben zu müssen, als er mit Malaria im Krankenbett lag.

Eine Impfung gegen die Krankheit gibt es nicht. Man kann sich durch die prophylaktische

Einnahme eines Malariamedikaments jedoch vor einer Infektion mit Malaria schützen. Keine medikamentöse Malariaprophylaxe in einem Malaria-Hochrisikogebiet zu betreiben, war sicher leichtsinnig und ein Fehler von mir.

Vor Antritt des Aufenthaltes kannte ich zwei Möglichkeiten, Prophylaxe zu betreiben, mit den Medikamenten X und Y. Das Medikament X ist für seine Nebenwirkungen, die vor allem die Psyche betreffen, bekannt. Menschen mit einem eher labilen psychischen Zustand wird daher von der Einnahme des Mittels oft abgeraten. Da ich das Risiko, in Togo eine Depression zu bekommen, nicht eingehen wollte, habe ich mich daher gegen das Medikament entschieden.

Das Medikament Y kostet knapp 55 Euro für zwei Wochen und sollte nach Aussage meines Tropenmediziners nicht über einen längeren Zeitraum eingenommen werden. Da ich ein Jahr in Togo verbringen wollte, war dieses Medikament also auch keine gute Alternative. Zudem hatte ich schon einige Mühe, das Geld für meinen Förderkreis zusammen zu bekommen und wollte nicht noch mehr Geld für die Prophylaxe ausgeben müssen. Für 12 Monate wären mir schließlich Kosten von 1320 Euro entstanden, welche meine Krankenkasse nicht übernommen hätte.

Daher nahm ich nur eine Schachtel von Y als stand-by-Medikament mit nach Togo. So hatte ich für den Fall, dass ich mich dort mit Malaria infizieren sollte, wenigstens ein gutes Medikament dabei. Denn Y hilft nicht nur prophylaktisch, sondern kann auch als Mittel bei einer akuten Malariaerkrankung eingesetzt werden.

Von einem dritten Medikament, mit dem man sich vor Malaria schützen kann, wusste ich vor meiner Ausreise noch nichts. Das Antibiotikum Z beugt einer Malariainfektion vor und kann über einen langen Zeitraum eingenommen werden. Ich habe in einem Krankenhaus in Togo mit einer amerikanischen Ärztin gesprochen, die sagte, dass sie und ihre amerikanischen Kollegen dieses Medikament ohne Probleme über Jahre hinweg einnehmen. Sie war ziemlich schockiert darüber, dass ich ohne medikamentöse Prophylaxe nach Togo gekommen war. Dass es sich bei dem Mittel gleichzeitig um ein Antibiotikum handelt, hat zudem den Nebeneffekt, dass man vor diversen Infektionen geschützt ist. Die Freiwilligen, die in Togo mit Z Malariaprophylaxe betrieben haben, waren tatsächlich die einzigen, die während der Einnahmezeit nicht ständig krank geworden sind. Der Grund, warum ich von diesem Medikament in Deutschland noch nichts erfahren hatte, ist, dass Z in Deutschland, im Gegensatz zu den USA und vielen anderen Ländern der EU, nicht zur Malariaprophylaxe zugelassen ist.

Statt für eine medikamentöse Prophylaxe entschied ich mich also für die Exhibitionsprophylaxe. „Sich nicht stechen lassen“, lautet die einfache Devise. Abends trug ich also immer lange Kleidung und sprühte meine Haut und meine Kleidung mit DEET-haltigen Insektenschutzsprays ein. Andere Insektenschutzmittel braucht man nicht zu kaufen. Nur DEET hilft wirklich gegen die Moskitos. Das Schlafen unter einem Moskitonetz war natürlich ebenso Pflicht. Bei all' diesen Maßnahmen kann man es jedoch nicht vermeiden, dass man dennoch gelegentlich gestochen wird.

Malaria mit Naturheilmitteln zu kurieren, ist eine ziemlich dumme Idee. Bei Einheimischen mag das vielleicht klappen, weil sie resistenter gegen die Krankheit sind, aber bei Europäern kann das schlimme Folgen haben. Xenia hatte das einmal versucht. Über mehrere Tage hatte sie drei Mal täglich eine Mixtur aus Kokosnussextrakten und fiebersenkenden Schmerztabletten genommen. Nachdem die Krankheit immer schlimmer wurde, ging sie endlich ins Krankenhaus. Ihre Augen brannten mittlerweile wie Feuer, sie hatte

Kopfschmerzen, hohes Fieber und zitterte. Ihr war schwindelig und sie hatte ihre Gliedmaßen nicht mehr richtig unter Kontrolle. Ihre Arme hoben sich auf einmal, ohne dass sie das gewollt hätte. Der Arzt war erschrocken über ihren Zustand und den hohen Wert, den Xenia an Erregern in ihrem Blut hatte. Er sagte, das sei viel, viel zu hoch für eine Weiße. Ihr Wert lag mittlerweile bei über 4000! Die Medikamente halfen zum Glück schnell und Xenia ging es bald wieder gut.

Insgesamt war ich von der medizinischen Versorgung in Togo positiv überrascht. Die Ärzte haben ihre Praxen meistens in den Krankenhäusern und die Labore sind in der Regel im Haus. In jeder größeren Stadt findet man außerdem Ärzte, die in Europa studiert haben. Zudem gibt es viele Krankenhäuser, die von ausländischen Ärzten unterstützt werden. Die leibliche Versorgung der Patienten während eines Krankenhausaufenthaltes wird allerdings den Familien überlassen, denn Essen gibt es in togoischen Krankenhäusern nicht.

Die hygienischen Zustände entsprechen bei weitem nicht den westlichen Standards. Hühner oder Ziegen spazieren in den Krankenhäusern umher und nicht selten trifft man auf ihre Hinterlassenschaften in den Fluren.

Die französische Ärztin aus dem Krankenhaus in Atakpamé erklärte mir, dass es die medizinische Katastrophe schlechthin sei, dass sich durch die unsachgemäße Anwendung von Antibiotika viele multiresistente Bakterien in Afrika tummelten. Hätte man sich mit so einem Keim einmal infiziert, wäre eine Entzündung schwer in den Griff zu bekommen. Das sollte ich selbst zu spüren bekommen. Zum Ende meines Aufenthaltes hatten sich meine Nieren in Folge eines Harnwegsinfekts mit solch einem multiresistenten E.Coli-Bakterium entzündet.

Diese Entzündung hat man vor Ort nicht

ausreichend behandelt. Noch als ich im Flugzeug nach Hause saß, hatte ich erhöhte Temperatur und Schmerzen in den Seiten. So musste ich mich in Deutschland noch eine Woche lang weiter stationär mit Antibiotika behandeln lassen. Denn das einzige Antibiotikum, das dem Erreger etwas entgegenzusetzen hatte, musste intravenös verabreicht werden. Ein junger Arzt in dem Krankenhaus schien mich für ziemlich leichtsinnig gehalten zu haben. Was denn meine Eltern dazu gesagt hätten, dass ich mal eben so nach Afrika geflogen wäre, fragte er mich. Er schien vergessen zu haben, dass ich schon lange erwachsen war. Außerdem hatten meine Eltern gar nichts dazu gesagt. Mit ernstem Gesicht sagte der Arzt mir eines Morgens, dass sich aus dieser Entzündung auch eine Blutvergiftung hätte entwickeln können. Und das mit einem multiresistenten Erreger!

Im September 2013 hatte ich mich in Togo das erste Mal mit Malaria infiziert. Die Symptome waren bei mir leichtes Fieber, Übelkeit und vor allen Dingen furchtbare Bauchschmerzen gewesen. Die Schmerzen wurden so schlimm, dass ich mich krümmte und Schmerzmittel nahm.

Etwa drei Wochen nach meiner Rückkehr nach Deutschland hatte ich dann noch einmal solche Bauchschmerzen. Die Ursache dieser starken Bauchschmerzen war allerdings anderen Ursprungs. Der Arzt in der Notfallambulanz eröffnete mir, dass er fast sicher sei, dass mein Blinddarm dahinter steckte. Ich fand mich also schneller als mir lieb war im Krankenhaus wieder. Am nächsten Morgen wurde ich operiert. Der Wurmfortsatz stand nach Aussage der Chirurgen kurz vor dem Durchbruch und es war höchste Zeit für die Operation. Es wäre deutlich zu sehen gewesen, dass der Darm in der Vergangenheit schon mehrfach entzündet gewesen war, meinte der Chirurg am nächsten Tag zu mir. Ich kann also froh sein, dass es in Togo nicht zu einem Blinddarmdurchbruch gekommen war!

Mein schlechter Gesundheitszustand hielt über Togo hinaus weiter an. Nur langsam erholte sich mein Körper von den vergangenen Strapazen. In den ersten vier Wochen nach meiner Rückkehr hatte ich meinen zweiten Krankenhausaufenthalt hinter mir und hoffte darauf, dass sich nicht noch weitere Spätfolgen zeigen würden. Ich ging zu meinem Hausarzt und erkundigte mich, ob ich nicht eine Kur machen könnte, um mich zu erholen. Das gehe nicht. Dafür müsse man eine akute Erkrankung haben, bei der alle Behandlungsmöglichkeiten ausgeschöpft sind, sagte er.

Ich war nicht die einzige, die sich eine Krankheit mit nach Hause nahm. Luisa hatte etwas anderes im Gepäck. Sie bemerkte eines Morgens eine Beule an ihrem dicken Zeh. Die Stelle war druckempfindlich, konnte also keine Warze sein. Ihr Hausarzt wusste nichts damit anzufangen. Erst ein Tropenmediziner brachte Licht ins Dunkel. Luisa hatte ein Wurmnest in ihrem Fuß! Bei diesem Wurm handelte es sich um einen Hundeparasiten. Da er sich in Luisas Fuß verirrt hatte, verkapselte sich sein Nest zu einer Beule. Luisa sollte einige Tage warten, dann würde ihr Körper das Nest von alleine abgebaut haben.

Katharinas Souvenir war weitaus gefährlicher. Nach dem Togojahr ließ sie sich routinemäßig von einem Facharzt durchchecken. Was dieser fand, war ungeheuerlich. Katharina hatte Bilharziose, ausgelöst durch einen Befall mit Pärchenegeln.

Wahrscheinlich beim Baden in den Wasserfällen hatte sich eine oder mehrere Larven dieses Parasiten durch Katharinas Haut gebohrt und sich den Weg durch ihren Körper gebahnt. Wenn die Larven zu Würmern herangewachsen sind, nisten sie sich in Blase und Darm ein. Nach der Gabe von Tabletten, die eine Vielzahl an unangenehmen Nebenwirkungen hatten, war die Sache für Katharina zum Glück ausgestanden.

Das Jahr hatte uns körperlich viel abverlangt. Wir verloren alle an Körpergewicht. Luisa nahm ganze 10 Kilogramm ab und hielt damit den Rekord unter uns. Ich verlor zwei Kilogramm.

Meine Entsendeorganisation, der FAW, hat insgesamt eine gute Arbeit geleistet. Die Betreuung und die Vorbereitung in Form der Seminare waren wirklich sehr gut. Es gibt für mich jedoch den großen Kritikpunkt, der die gesundheitliche Vorbereitung betrifft. Auf dem Seminar wurden kaum medizinische Fragen beantwortet. Da die Seminarleiter keine medizinische Ausbildung hatten, wollten sie sich davor schützen, falsche Empfehlungen auszusprechen. Auch ein Gespräch mit einem Tropenmediziner war nicht verpflichtend gewesen.

Diese Vorgehensweise ist aus meiner Sicht nicht vertretbar. Man hätte einen Mediziner zu dem Vorbereitungsseminar einladen müssen, der die Freiwilligen über das erhebliche Gesundheitsrisiko aufklärt. Eine tropenmedizinische Beratung hätte verpflichtend sein müssen. Ich bin in dem Glauben nach Togo gegangen, dass ich mit etwas Pech vielleicht ein Mal Malaria bekommen würde und sich die gesundheitlichen Probleme ansonsten auf Essensunverträglichkeiten beschränken würden. Dass ich hingegen erhebliche gesundheitliche Probleme bekommen würde, war für mich nicht abzusehen.

Ich frage mich heute, wie viele Lebensjahre uns alle dieser Togoaufenthalt gekostet haben mag. Junge Menschen, die meisten Freiwilligen sind 17- bis 19-Jährige, in Malaria- und Meningitis-Hochrisikogebiete zu entsenden ohne eine verpflichtende intensive medizinische Beratung und Aufklärung ist verantwortungslos. Lediglich die Gelbfieberimpfung war für uns Freiwillige obligatorisch. Ohne sie hätte man uns sonst am togoischen Flughafen nicht in das Land einreisen lassen.

Das Kapitel über die Gesundheit habe ich bewusst an das Ende dieses Buches gestellt. Ich möchte niemandem von einem Auslandsaufenthalt in einem tropischen Land abraten oder jemandem Angst davor machen. Für mich war die Zeit großartig und sehr bereichernd. Obwohl es mir körperlich schlecht ging, ging es mir seelisch sehr gut. Ich habe sehr viel in Togo gelernt, habe einen fantastischen Mann kennengelernt, hatte eine wunderbare Zeit in meiner Gastfamilie, spreche heute fließend französisch und bin sehr dankbar für alles, was ich in Togo erleben durfte. Dass es das weltwärts-Programm gibt, ist in meinen Augen ein großer Gewinn für unsere Gesellschaft. Togo hat mich geprägt. Ich habe gelernt, dass es nicht unbedingt ein besser oder schlechter gibt, sondern einfach ein anders. Die Gemeinsamkeiten zwischen uns Menschen sind größer als die Unterschiede – egal, woher wir kommen. Dennoch sollte man sich im Vorhinein unbedingt ausführlich medizinisch beraten lassen und muss sich im Klaren darüber sein, welchen

Risiken man sich aussetzt.

Ausblick

Nun ist bereits einige Zeit vergangen, nachdem wir Freiwilligen wieder nach Deutschland zurückgekehrt sind. Felice ist sehr froh, wieder in Deutschland zu sein. Sie jobbt zurzeit nahe München. Bald geht sie nach Erfurt, um Medienmanagement zu studieren. Ihr Freund wird sie dorthin begleiten.

Luisa studiert heute in den Niederlanden Psychologie. Das Studium läuft gut und Luisa liebt das Sportangebot der Uni. Schießen will sie gerne ausprobieren. Togo und ihr Freund Momo fehlen ihr, aber sie kommt mit ihrer Fernbeziehung gut zurecht. Einmal war sie schon wieder in Togo, um ihren Freund zu sehen und sie plant schon ihren nächsten Besuch.

Thorsten hat sein Jurastudium abgebrochen. Jetzt überlegt er, Psychologie zu studieren. Den Numerus Clausus hätte er dafür.

Katharina ist nach Berlin gezogen und studiert dort Medizin. Sie lebt in einem Studentenwohnheim. Ihr Freund Alex und Togo fehlen ihr sehr. Sie beendeten die Beziehung, weil sie keine gemeinsame Zukunft sahen. Mit Alex redet sie einmal die Woche über Skype. Nächstes Jahr möchte sie ihn besuchen, obwohl sie Angst davor hat, dass die Sehnsucht danach nur schlimmer wird.

Philip studiert heute internationale Beziehungen in Heilbronn. In seiner Freizeit segelt er am liebsten.

Maike studiert heute Ethnologie und hat seit kurzem einen neuen Freund. Sie hat einen engen Kontakt zu Katharina und möchte im nächsten Jahr mit ihr zusammen nach Togo fliegen.

Mit Pia habe ich keinen Kontakt. Ich habe gehört, dass sie eine Arbeit im kulturellen Bereich gefunden hat.

Tja, und bei mir? Den ersten Monat nach der Rückkehr habe ich mich vor allem körperlich schlecht gefühlt. Dann kam Nyedzi zu Besuch und wir verlebten eine sehr schöne Zeit zusammen, reisten zusammen durch Deutschland und Italien. Nyedzi hat sein Aufenthalt in Deutschland sehr gut gefallen. Dass wir Deutschen mit Tieren befreundet sind, findet er allerdings bemitleidenswert. Außerdem würden wir zuviel Süßes und zuviel Fleisch essen. Nachdem er Ende September abreiste, wurde mir dann immer klarer, dass der Arbeitsmarkt nicht gerade auf mich gewartet hatte. Nach mehreren Dutzend erfolglosen Bewerbungen, zwischen Jobcenter und Liebeskummer hatte ich die Hoffnung auf eine schöne Zukunft beinahe verloren. Zwei Monate lang weinte ich fast jeden Tag. Dann bin ich wieder zu meinen Eltern gezogen. Heute wohne ich wieder in meinem ehemaligen Jugendzimmer. Ohne Unterstützung geht es gerade nicht.

Zweimal die Woche rede ich mit Nyedzi über Skype. Ich suche weiter nach einer Arbeit, um endlich Geld zu verdienen. Mein Nebenjob bringt nicht mehr als ein Taschengeld ein. Dass ich für längere Zeit nach Togo zurückkehre, ist für mich ausgeschlossen. Ich bewerbe mich weiter um Arbeitsstellen und glaube langsam wieder an eine schöne Zukunft.

Mit der Regierung haben die Lehrer in Togo weiter Ärger und Nyedzi erhält im Moment nur unregelmäßig sein Gehalt. Er leidet, genau wie ich, unter unserer Fernbeziehung.

FSC
www.fsc.org
MIX
Papier aus verantwortungsvollen Quellen
Paper from responsible sources
FSC® C141904

Druck:
Customized Business Services GmbH
im Auftrag der
KNV Zeitfracht GmbH
Ein Unternehmen der Zeitfracht - Gruppe
Ferdinand-Jühlke-Str. 7
99095 Erfurt